RETORNO A MUESTRO LUGAR

Fabio Bensoussan

RETORNO
A
MUESTRO
LUGAR

CONSELHO EDITORIAL: Alencar Perdigão
EDITORA RESPONSÁVEL: Luciana Tanure
EDITOR: João Camilo de Oliveira Torres
ASSISTÊNCIA EDITORIAL: Sofia Rossi
COMERCIAL: Cláudia Masini
REDES SOCIAIS: Claudia Brandão
TECNOLOGIA DA INFORMAÇÃO: Alessandro Guerra
REVISÃO: Valter Braga
PROJETO GRÁFICO E DIAGRAMAÇÃO: Conrado Esteves

Catalogação na publicação
Elaborada por Bibliotecária Janaina Ramos – CRB-8/9166

B474

Bensoussan, Fabio

Retorno a muestro lugar / Fabio Bensoussan. – Belo Horizonte: Quixote+Do, 2022.

120 p.; 14 x 21 cm

ISBN 978-65-86942-52-1

1. Memória. 2. Linguagem. 3. Viagem. 4. Judaísmo. I. Bensoussan, Fabio. II. Título.

CDD 305

Índice para catálogo sistemático
I. Memória

QUIXOTE+DO EDITORAS ASSOCIADAS
WWW.QUIXOTE-DO.COM.BR
Rua Alagoas, 1.270 | sala 304 | Savassi
30.130-168 | Belo Horizonte | MG
(31) 3141-1256

In the end, we'll all become stories.
MARGARETH ATWOOD

Xenófobo: indivíduo que odeia seus antepassados.
ANDRES NEUMAN

Para Pepo e Fortunée.

Agradecimentos

Muitas pessoas participaram deste livro.

Minha esposa, Christianne, que, ainda em 2016, sugeriu a viagem, mesmo sabendo que não poderia me acompanhar. Ela foi a primeira leitora desta história e a grande incentivadora. A ela e a meus filhos, Rafaela e Jorge Felipe, dedico este livro.

Dedico este livro, também, aos meus pais, Eddy e Zelma, que ao longo dos anos transmitiram toda uma memória de histórias de *muestro lugar*.

Como meus pais, minhas primas, Lea Canetti Grinstein, Ana d'Avila Bensoussan, Renatta Bensoussan Pinto da Fonseca Reis e Suzana Fontenelle Dumans Canetti, foram as companhias da viagem e fontes de várias histórias.

Agradeço a Mustafa Goktepe, que me apresentou a Ahmet Içen, à época à frente da Câmara de Comércio Brasil-Turquia em Belo Horizonte, e com quem conversei sobre a história de Kırklisse/Kırklareli e de toda a região, com algumas xícaras de café turco; Mehmet Ali Baskut, que comanda a agência Guia na Turquia, fundamental para um roteiro tão distante do padrão turístico; Özen Bilge Acar, nossa guia em Istanbul, e Abdullah Kazım Kaynar, guia, e Baburşah Yavuz, motorista, em Tekirdağ, Edirne e Kırklareli, que participaram ativamente dos trabalhos de arqueologia familiar; Jülide e Ünal Başkur e

Rifat Haleva nos contaram detalhes preciosos da história da cidade.

Marcus de Freitas Gouvêa, amigo há mais de vinte anos, fez uma leitura cuidadosa do texto, e suas perguntas ajudaram a deixá-lo mais claro.

Fernando Klabin, com sua leitura atenta, captou a alma deste relato. Agradeço também pela generosidade de suas palavras.

Sou muito grato a todos da editora Quixote+Do por terem acreditado neste livro, mesmo em um momento tão difícil como o que estamos enfrentando.

Sumário

Tessalônica
GRÉCIA
Aten

BULGÁRIA
Kırklareli
Edirne
Çatalca
Tekirdağ
Istambul
Çanakkale
TURQUIA
Esmirna

A cartografia imaginária de Ibn-Susan

Unser Leben gleicht der Reise.
Annemarie Schwarzenbach

Poder traçar a própria genealogia é, no Brasil dos imigrantes, um raro privilégio. Quem se dispõe a tal aventura e ao mesmo tempo pode se dar ao luxo de acessar documentos antigos e velhas memórias, em geral se vê diante de muralhas de silêncio e olvido deliberados. Fora em especial os indígenas, donos da terra que sofreram nas mãos dos jesuítas e bandeirantes, e os africanos, levados brutalmente à força, todos os que chegaram desembarcaram impelidos pela necessidade. Ninguém cruza um oceano, de mala e cuia, por passatempo, curiosidade ou prazer, deixando para trás a zona de conforto das próprias raízes. Mas quando essa zona de conforto é ameaçada, atacada, ou estilhaçada, não há opção senão partir.

Fabio Bensoussan nos torna aqui testemunhas de uma viagem que é mais do que uma viagem empreendida à Turquia de 2018, mas uma viagem toda pessoal, íntima, de introspecção, de encontro, reencontro e desencontro com um passado que ele próprio não viveu, mas que flui por suas veias, passado destilado de um silêncio compactuado pelos familiares e que resiste como desafio permanente.

A narrativa não poderia começar mais nítida, autoexplicativa e profética: desde o início, o autor reconhece, mesmo procurando se agarrar a falsas esperanças, que nada descobrirá: *Kırklisse, como tantas outras cidades dos Bálcãs, é uma cidade perdida para sempre. Fazia parte de um país que não existe mais; abrigava pessoas que não existem mais.* A perplexidade diante dos mapas que não se encaixam dura pouco, é necessário ir em frente e contar, mas ela contamina o texto como uma corrente subterrânea que mergulha todo o discurso no tom menor. A imagem do cartão-postal centenário, que abre e fecha a obra, encerra em si essa melancolia irreversível de um passado que não só foi perdido pela memória, mas também destruído pelos horrores da História.

Diante da terra arrasada do passado, a imagem do cartão-postal, inicialmente fonte de conjecturas poéticas, ao término se torna única certeza possível diante de um vácuo de lembranças que, ao longo da viagem, no tempo e no espaço, se revela impreenchível.

Depois de esgotar os parcos relatos orais e documentos físicos, Fabio Bensoussan, protagonista de uma fronteira que acaba se tornando também *muestra*, a de seus leitores, foi consultar o *genius loci* e escutar as pedras da Kırklisse de seus familiares, muitos já silenciados para sempre. Mas aquelas pedras, também, estavam emudecidas. A cidade, desfigurada por tantas vicissitudes, só exibe ainda as tênues pegadas de coturnos persas, bizantinos, turcos, gregos, búlgaros.

Não é à toa que os capítulos sejam curtos – o que aliás dinamiza a leitura e a torna apetitosa: cada um deles funciona como a densa descrição de um livro maior, em gestação, prestes a eclodir e se expandir com a destreza de um Thomas Mann que o autor, lamenta, não é. Mas não há por que lamentar. O encanto deste livro está no sussurro melancólico de um Dom Quixote sóbrio, na simbolização dos detalhes do percurso, na reflexão que suscita no autor e seus leitores.

Em meio a referências literárias de deliciosa pertinência entrelaçadas a eventos históricos cruciais, esgueira-se o caminho da família desde Al-Andalus até o Brasil, passando por um Império Otomano em fase de desagregação final, que quase a engole sob seus escombros.

Domando com destreza a ansiedade e o desespero do arqueólogo agachado diante dos cacos, guiado pela ideia fixa, o narrador adensa, concentra em poucas páginas toda a saga de uma família, juntando realidades e conjecturas para tentar formar um mesmo mosaico.

Ao mesmo tempo em que revela as cinzas de um passado mais morto em sua geografia palpável do que na cartografia afetiva do autor, Fabio Bensoussan acaba por tabela revelando o Brasil como espaço em que a multiplicidade linguística, étnica e religiosa e todas as diferenças inerentes a ela se dissolvem espontaneamente numa concórdia desconhecida ao espaço europeu, este sempre repleto de inexoráveis fronteiras, carimbos, salvos-condutos.

Assim como hoje o autor imagina o embarque de seu ancestral Ibn-Susan no navio capitaneado por Kemal Reis no fim do século 15, prevejo o dia em que este livro caia acidentalmente nas mãos não de um Bensoussan, mas de um distante Ben Shu Cheng do século 25 ou 26, pesquisador chinês de raros objetos impressos chamados livros, num mundo a nós inimaginável. Estimulado pela narração do autor, identificado como seu ancestral, o herdeiro chinês dos insistentes silêncios de Toledo e Kırklareli empreenderá uma viagem até lugares que se chamaram Belo Horizonte, Rio de Janeiro e Recife, atrás da Rua Rodolfo Dantas e de outros tantos vestígios enigmáticos de seus antepassados brasileiros – ressimbolizando, revalorizando e revivificando fantasmas até então esquecidos.

Fernando Klabin

Accra, setembro de 2021.

1. O postal

Acabo de chegar a Kırklareli. Estou a duas horas e meia de carro de Istambul e a uns quinze minutos da Bulgária. Do meu quarto, no sétimo andar do Hotel Lozengrad, procuro uma antiga cidade otomana onde, há mais de um século, vivia uma importante comunidade sefaradi: cerca de trezentas famílias em meio a uma população de quarenta mil habitantes, entre turcos, gregos e búlgaros – além de ciganos e armênios. Olho para baixo e vejo um grande jardim e um café, de um lado, e os fundos de um banco, do outro. E, claro, várias bandeiras turcas.

Tenho comigo uma foto antiga, um postal, que estava nas coisas do apartamento da minha avó em Copacabana. Na verdade, uma foto da foto, que é hoje facilmente encontrada numa pesquisa no Google. *Vue de Kirklissé – Grand quartier israélite.* É tudo o que diz.

Há nessa foto uma solenidade incompatível com a vida digital. Uma rua elegante, provavelmente (espero) não muito distante de onde estou; na época, seguramente a melhor rua do bairro judeu, ladeada por casas de dois andares, algumas lojas e cafés e frondosas árvores. Os homens estavam bem-vestidos; provavelmente passaram o dia se preparando para o fotógrafo. Nenhuma mulher, claro: a fotografia é de 1912, talvez 1913, época em que as mulheres ficavam muito mais em casa do que em qualquer outro

lugar. Alguns adultos estão com o fez na cabeça. Símbolo otomano, seria proibido em pouco mais de dez anos, pela república.

O que esse cartão-postal tinha de tão especial para minha avó? Seria uma recordação da cidade que abandonara para sempre aos dezessete anos? Por acaso ela conhecia as pessoas fotografadas? Talvez ela mesma esteja aqui. Ela não teria mais de dez anos de idade. Vejo uma menina abraçada a uma árvore, bem à frente, à esquerda do postal. Seria ela? Talvez sim, e o senhor com um guarda-chuvas poderia ser seu pai. Um pouco mais à frente, outra criança: um menino. Se tiver uns quatro anos, bem que poderia ser meu tio-avô Rafael. Ao seu lado, um adulto, com bigodes tipicamente turcos – talvez Mordom. José, seu filho (e meu avô) pode ser o jovem perto do adulto de bigodes. É possível que todos estejam na fotografia.

Evidentemente jamais saberei – e talvez por isso desde sempre tenha decidido, aleatoriamente, que minha avó estava agarrada à árvore da esquerda e que meu avô estava perto do senhor de bigodes e do irmão mais novo.

Da janela, procuro algo que lembre a foto. Uma rua, uma construção qualquer. Talvez se estivesse em um andar mais alto; talvez se num quarto virado para o outro lado do hotel. Em vão. Talvez amanhã tenha mais sorte. Por ora, preciso me contentar com o postal e a bela paisagem, que em nada lembra uma pequena cidade de fronteira. E com a ideia de sair pela cidade para jantar.

2. O emplastro otomano

Esse postal me intrigou ao longo dos anos, a ponto de se tornar uma verdadeira obsessão, uma ideia fixa, cujos perigos foram tão anunciados por Brás Cubas. É minha primeira viagem à Turquia e, se posso falar que conhecia Istambul por meio de filmes e livros, de Kırklareli tudo o que tinha eram histórias contadas pelos parentes turcos que vieram para o Brasil e pela primeira geração brasileira da família; histórias muitas vezes exageradas ou editadas para entreter crianças e adolescentes.

Mas, se contavam muitas histórias sobre a cidade e suas vidas na Turquia, pouco – ou nada – falavam sobre seus últimos momentos na terra natal: a guerra de 1912, a invasão da cidade, a retomada pelos turcos, a derrota na Primeira Guerra, nova ocupação, Guerra da Independência, os deslocamentos das minorias depois de 1923, a queda do império e a formação da república. A rigor, nada. Por que o pai deles, o meu bisavô, não os acompanhou na viagem para o Brasil? O que aconteceu com ele após 1920? Como é possível que ninguém saiba? Como é possível que ninguém tenha perguntado? Nem a primeira geração a nascer no Brasil realmente conheceu essas histórias. Nunca entendemos esse silêncio. Quem veio não falou, a primeira geração brasileira não perguntou e a segunda não teve muito tempo para perguntar. As muitas cartas que foram trocadas entre

Brasil, Turquia, Itália e Israel foram perdidas. Um pacto familiar, provavelmente inconsciente, mas cumprido à risca. Um pacto que contou, certamente, com a cumplicidade do tempo, mas que, um século depois, não apenas é lamentado como está prestes a ser descaradamente sabotado. Estou aqui em Kırklareli para acabar com ele.

Visitar esta cidade se tornou uma ideia fixa. A minha ideia fixa, o meu emplastro otomano.

E logo descubro que estou em Kırklareli, em maio de 2018, procurando por Kırklisse, do início do século XX ou, como dizia minha avó, *muestro lugar*. Sempre havia espaço para *muestro lugar* em todas as conversas, sobre todos os assuntos possíveis. Em *muestro lugar* era assim, era melhor ou (quase nunca) pior, era mais frio ou mais quente; os produtos de *muestro lugar* eram muito melhores do que qualquer outra região do planeta.

Fecho a porta do quarto sabendo que posso ficar aqui duas noites ou dois anos, mas dificilmente conhecerei a cidade dos meus avós. Kırklisse, como tantas outras cidades dos Bálcãs, é uma cidade perdida para sempre. Fazia parte de um país que não existe mais; abrigava pessoas que não existem mais. Era importante para um mundo que não existe mais.

Essa história começa em Kırklisse, na Trácia otomana. Já foi uma cidade no centro de um império que bateu às portas de Viena. Em 1912, era uma cidade de fronteira, próxima à Bulgária. Havia um império muçulmano que ainda dominava um pedaço da Europa. Havia um Sultão, mas também Jovens Turcos, nacionalistas. Havia uma civilização judaica sefaradi e havia Salônica, que era para a época o que Nova York é para os judeus de hoje. Havia *pogroms* a poucas horas dali. E, como disse Philip Roth, ainda não existia Israel, e seis milhões de judeus europeus ainda não haviam deixado de existir.

Não tenho o dom do narrador de *A física da melancolia*, do escritor búlgaro Georgi Gospodinov: a síndrome de empatia patológica ou síndrome somática-empática obsessiva, que o leva à memória de tudo à sua volta, de familiares e vizinhos até animais, vivos ou mortos. Esse dom desaparece, à medida em que Georgi cresce e começa a colecionar histórias alheias. O caso é grave, e à medida em que perde o dom, começa a sofrer do Complexo de Noé – atribuindo-se uma missão de salvar todas essas histórias do fim.

É o que me resta, tentar salvar essas histórias do Apocalipse. Preciso primeiro desenterrá-las para depois salvá-las.

Meu desafio é, como um arqueólogo, desbravar esse sítio que está, sou obrigado a admitir, muito mais na minha cabeça que na terra. Tenho de ficar deitado no chão, com uma colherzinha de chá, retirando as peças que vou encontrando pelo caminho, a poucos metros de profundidade. Depois, terei de poli-las, com uma escova de dentes, para colocá-las numa mesa, montando um quebra-cabeças. Algumas peças jamais serão encontradas. Os paleontólogos tentam, a partir dessas peças, montar o dinossauro. Como os pesquisadores de hoje, tentarei chegar à cor de seus olhos, saber se eram cobertos de penas ou não, descobrir seus hábitos alimentares. Não disponho de carbono 14 ou exames de DNA, e tenho de me resignar com a impossibilidade de chegar às camadas mais profundas dessa história.

3. Como não falar turco

Não será fácil. Não falo uma palavra da língua. As que conheço, em geral, não devem ser ditas em nenhuma circunstância.

Nos últimos anos, até aprendi algumas mais adequadas e, portanto, mais úteis; consigo formar algumas frases simples, mas não consigo entender nada do que me é falado. Quando criança, dizia querer aprender turco, algo que sempre foi encarado pelos mais velhos – que, com exceção dos turcos, também não falavam praticamente nada do idioma – como algo pitoresco, quase como se uma criança dissesse que queria ser astronauta, algo engraçadinho, mas que não deveria ser levado a sério. Tia Beki (Rebecca), que trabalhou por décadas na embaixada turca no Rio de Janeiro, prometia me ensinar, mas ficamos por isso mesmo, até porque ela passava metade do ano no Rio e a outra em Istambul, procurando viver num eterno verão.

Mais tarde, já na faculdade e enquanto estudava inglês, em um curso de inverno em Cambridge, conheci um turco, Ahmet, também aluno da mesma escola, mas de um nível mais elementar de conhecimento da língua. Conversamos um pouco, e a história não poderia ser muito diferente: de início, achou que não estava entendendo o que eu falava – aparentemente, não acreditou muito nas minhas credenciais de descendente de turcos. Mas logo achou interessante, e perguntei-lhe por uma ou outra palavra.

Uma expressão me veio à mente e fiz questão de perguntar. Sabia que não devia ser grande coisa, pois era algo dito nas reuniões de família quando algo terrível estava acontecendo, ainda que sempre de forma bem-humorada. Quando, criança, perguntava o significado, todos começavam a rir, mas ninguém me respondia.

Descobri da pior forma possível. Perguntei a Ahmet quando estávamos dividindo uma mesa num restaurante de kebabs a cinco minutos de distância da escola. Impronunciável e impublicável, deixei-o verdadeiramente constrangido com o que acabara de falar. Ele se recusou a traduzir naquele momento, e só no dia seguinte me respondeu, de forma reservada e quase como se estivesse me passando um código de filme de espionagem. E deixando claro que aquilo não era algo para ser dito por aí.

Agora, ao longo da viagem, meu pai fez algumas perguntas aos guias sobre o significado de palavras que constam da memória familiar. O resultado foi semelhante ao que tive em Cambridge: desastroso. O que significa *siktir*, perguntou à guia de Istambul, que imediatamente ficou mais vermelha que a bandeira turca. Algumas famílias perguntam por palavras que significam amor, amizade, família. Nós perguntamos por foder. Que família! – devem ter pensado nossos pobres guias. Melhor poupar nossos anfitriões dos meus conhecimentos de turco.

Türkçe bilmiyorum. Eu não sei turco, foi a primeira frase que dominei em Kırklareli. Não resolveu muita coisa, uma vez que praticamente ninguém fala inglês, e mesmo no hotel eram poucos os funcionários que realmente falavam a língua, apesar dos hóspedes engravatados. Mas havia ensaiado tanto a pronúncia que quase passava por um grande conhecedor da língua, ainda que apenas para dizer que não a falava.

Assim que fiz o *check-in*, perguntei na recepção do hotel por algumas informações sobre o bairro judeu e a sinagoga. Os funcionários, apesar de muito simpáticos e prestativos, não entendiam nada, o que me deixou, inicialmente, em dúvida: eles realmente não sabiam da existência do bairro judeu ou apenas não entenderam o que eu havia perguntado?

Só consegui descobrir no dia seguinte, quando voltei a me encontrar com o guia Abdullah. Mas, naquele momento, subi para o quarto, imaginando que não conseguiria conhecer o *Yahudi mahallesi* de que tanto ouvi ao longo da vida, no Brasil.

Em mais alguns minutos me dou conta que sou – assim como meus pais e minhas primas – uma atração turística à parte. Um hóspede pergunta de onde somos:

– Oh, *Brezilya*?

A menção ao Brasil é encarada com alegria, mas também com algum grau de exotismo. Invariavelmente perguntam se conheço um determinado jogador de futebol brasileiro do qual eu jamais havia ouvido falar e que está fazendo grande sucesso na Turquia, Anderson Talisca, do Beşiktaş – no Grande Bazar, em Istambul, também só se falava dele. Em troca, descubro que o time local, o Kırklarelispor, está na terceira divisão do campeonato nacional.

Entendo a curiosidade. O que, afinal, um brasileiro está fazendo aqui? Os brasileiros ficam em Istambul e na Anatólia – passeiam de balão na Capadócia, visitam Izmir, às vezes Troia e, quem sabe, Ancara.

Mas não para esses lados que, na verdade, não estão acostumados a turistas estrangeiros ou, no máximo, gregos e búlgaros, que vêm para cá à procura das vinícolas, das praias e das florestas. A *İğneada Longoz Ormanları Milli Parkı* é um parque nacional, às margens do Mar Negro, a alguns minutos daqui. É uma das maiores florestas da Europa.

Orhan Pamuk escreveu que Brasil (*Brezilya*) e ervilhas (*bezelye*) são palavras muito parecidas aos ouvidos turcos. No *lobby* do hotel em Kırklareli subitamente apareceram sete ervilhas falando uma língua para eles incompreensível.

Caminhamos pelas ruas próximas ao hotel. Atravessamos uma praça cujo monumento – como não poderia deixar de ser – é uma estátua equestre de Mustafá Kemal.

Encontramos vários restaurantes, mas com cardápios em turco; selecionamos entre uns dois ou três cujos menus eram ilustrados e, no final das contas, optamos por aquele com as fotografias mais nítidas.

Mesmo assim, fiz força para conseguir falar alguma coisa, como quando, depois de termos pago a conta, pedi para que embrulhassem alguns *pidés* para viagem. O garçom entendeu o esforço, talvez tenha ficado com pena, e imediatamente se tornou mais solícito. Méritos do *Google Translator*, claro, mas ninguém precisava saber disso naquele momento.

4. Nomes

Esta região é ocupada pelo homem há pelo menos sete mil anos. Por aqui passaram trácios, gregos, romanos, bizantinos, búlgaros, otomanos – para dizer o mínimo.

O Pınar Höyüğü, a cerca de três quilômetros do centro, foi descoberto em 1980 e ainda se encontra em escavação. É o maior sítio arqueológico da região, e seus assentamentos remontam ao neolítico. Há quem diga que Kırklareli é a primeira e mais antiga ocupação humana em território europeu.

A cidade existe pelo menos desde os antigos gregos, que a chamavam de Verissa. Os búlgaros, por sua vez, a tomaram por quase um século, a partir do ano 914, e a chamavam (na verdade, ainda chamam) de Lozengrad, a cidade dos vinhedos. Os bizantinos a conquistaram em 1003 e a chamaram de Saranda Ekklisiés – Quarenta Igrejas. Mas, em 1362, o sultão Murad I conquistou os Bálcãs para os otomanos e obrigou o imperador bizantino a lhe pagar tributos. Entre suas conquistas, a cidade que renomearia para Kırklisse – a terra das Quarenta Igrejas). Até os primeiros anos da República de Atatürk, permaneceria assim.

Kırklisse, Lozengrad, Kırklareli. Para um brasileiro não é muito comum que uma cidade tenha dois, três ou quatro nomes, em duas, três ou quatro línguas diferentes, em dois, três ou quatro alfabetos inconciliáveis. De minha parte, me pergunto como o hotel em que estou manteve o nome búlgaro da cidade.

Claro, vivemos em um país continental monoglota, numa parte do globo tiranizada por duas línguas irmãs – o português, afinal, é o espanhol desossado, já dizia Unamuno. Esse mesmo espanhol desossado destrinchou centenas de línguas faladas por aqui na época em que os judeus ainda viviam na Espanha. Hoje, o que resta dessas línguas são algumas cidades com nome em tupi-guarani. Mas, desde Policarpo Quaresma, ninguém pensa em oficializar o tupi-guarani no Brasil. O português foi, também, implacável com as línguas faladas pelos imigrantes europeus – dialetos italianos e alemães no sul do País.

O avô de Elias Canetti se gabava de falar dezessete línguas – e o neto também se gabava do feito do avô. Mas sei que minha avó falava pelo menos quatro. O que não deveria ser visto como algo extraordinário em Kırklisse.

São coisas dos Bálcãs. Em 1912, era uma cidade de cerca de trinta mil habitantes, pertencente ao moribundo Império Otomano, mas de maioria búlgara, além de turcos, judeus, gregos, armênios. Cinco línguas, cinco alfabetos incompatíveis. E sem falar dos ciganos.

Apenas em 1924, a república, se esforçando para assegurar a soberania do que restou da Europa otomana e deixar clara a presença turca, substituiu a agora inconveniente cidade das Quarenta Igrejas por Kırklareli, os quarenta mártires que tombaram durante a conquista da cidade pelo Sultão Murad I.

5. Os viajantes

Muitos viajantes ilustres passaram por aqui.

Evliya Çelebi nasceu em Istambul, em 1611. Na noite em que completou vinte anos, sonhou com Maomé. Vá, atenda à vontade de Alá e conheça o mundo, disse-lhe o Profeta. Assim, abandonou seu posto na corte do Sultão Murad IV e se tornou um viajante global: passou os próximos quarenta anos viajando por todo o Império Otomano (então bastante extenso) e por alguns países vizinhos. Lutou mais de vinte guerras, ouviu mais de cem idiomas, esteve na Anatólia, em Meca e Medina, Jerusalém, Cairo, Atenas, teria cortado a Europa da Crimeia até a Holanda, conheceu budistas e beduínos.

Mais tarde publicou os diários dessas viagens – o *Seyahatname* (*O Livro de Viagens*), em dez volumes. É considerado o grande contador de histórias do século XVII. Na Turquia, seu Livro tem um *status* que talvez se compare com o *Livro das Maravilhas* de Marco Polo.

No quinto volume, descreveu suas impressões sobre a Trácia. Em Kırklisse, escreveu sobre uma vila rodeada por vinhedos incríveis – os búlgaros já sabiam disso – e que a gente de lá sabia aproveitar a vida. Mas não gostava muito dos judeus, que se recusavam a comprar alimentos dos muçulmanos e, assim, mantinham a prática *kosher*.

Séculos mais tarde, quando o império já era uma potência decadente, mas ainda com territórios europeus que viria a perder em menos de cem anos, surge um outro viajante: O reverendo Robert Walsh. Em meados dos anos 1820, voltando para casa, escreveu sua *Narrativa de uma Viagem de Constantinopla à Inglaterra.*

Para Walsh, as Quarenta Igrejas de Kırklisse seriam, na verdade, Quarenta Homens. Segundo ele, conversando com os otomanos, descobriu que o nome correto seria Kırk Kensi, Quarenta Homens. A cidade seria sagrada por ser a residência de quarenta homens santos. Havia uma mesquita em sua homenagem.

Walsh não gostou muito de Kırklisse (que chamou, em seu livro, Kırklesi). Achou-a "feia, suja e arruinada", habitada por turcos "rudes e grosseiros", mas também por uma respeitável comunidade grega que, "apesar de suas notáveis contribuições" para a cidade, não dispunha de uma igreja para rezar.

Mordom certamente não conhecia a história de Walsh, e sequer deve ter lido seu livro, mas tenho a convicção de que não concordaria em nada com o reverendo.

Walsh chegou à sua amada Grã-Bretanha, mas não ficaria muito tempo por lá. Ele foi capelão da embaixada britânica no Rio. Passou mais de seis meses no Brasil, viajando e investigando as condições de nossos escravos, como parte de um esforço para acabar com o tráfico negreiro. Passou pelo interior do Estado do Rio de Janeiro e por Minas Gerais, refazendo as rotas de Rugendas e Langsdorff, visitou São João del-Rei e conheceu escravos. Escreveu o seu *Notas sobre o Brasil em 1828 e 1829.* Mostrou, por suas ilustrações, como era um navio negreiro. Ficou horrorizado com o Cais do Valongo, no Rio, onde funcionava o mercado de escravos. Os compradores, dizia, agiam como açougueiros.

Em 1829, deixa o Brasil e, alguns dias após zarpar, a caminho de casa, participa da captura de um navio negreiro, a caminho da Bahia, com mais de quinhentos africanos escravizados. Seus desenhos e esboços mostraram ao público inglês o que significava um navio negreiro.

Walsh não gostava nem de Kırklisse nem do Rio. Meu avô gostava de Kırklisse e do Rio, mas não de Walsh, que achava rude e grosseiro.

6. A recepção

A história dos judeus na Turquia é bastante antiga.

Os otomanos receberam judeus expulsos da Hungria em 1376, da França em 1394 e de Salônica, então controlada por Veneza, em 1420. Desde essa época era grande o fluxo de judeus a Edirne (Adrianópolis), a antiga capital otomana, desde o início do século XIV até a tomada de Constantinopla, em 29 de maio de 1453.

Quando Isabel de Castela e Fernando de Aragão decretaram a expulsão dos muçulmanos e dos judeus dos seus reinos, logo após a conquista de Granada, encerrava-se para sempre uma civilização' única, uma sociedade realmente cosmopolita, de Sevilha, Granada e Toledo. *La Convivencia*. Uma idade de ouro judaico-espanhola durante o período muçulmano, que produziu nomes nas ciências e nas letras, grandes conselheiros de reis e califas.

Uma sociedade bastante sofisticada, sem dúvida. Mas não romantizemos um mundo perfeito que nunca existiu. Em diversas ocasiões, ao longo da ocupação árabe, essa tolerância deu lugar à barbárie: em 1066 os muçulmanos massacraram quatro mil judeus em Granada. Séculos depois, na Quarta-Feira de Cinzas de 1395, uma turba atacou o bairro judeu de Sevilha...

Mehmet II, em 1453, havia proclamado a todos os judeus o início de uma era de prosperidade em terras otomanas, num momento em que as perseguições por toda a Europa cristã tomavam novas proporções. Logo após o colapso do Império Bizantino, o rabino-chefe de Edirne, Yitzhak Safarti, enviou uma carta a todas as comunidades judaicas europeias, convidando-as a deixar os tormentos sob a cristandade e a encontrar um porto seguro e próspero na Turquia. Lá se uniram a comunidades judaicas já estabelecidas há séculos.

O oitavo Sultão otomano, Beyazid II, filho de Mehmet II, o Conquistador de Constantinopla, não entende como Fernando pode ser considerado um rei sábio. Como alguém que empobreceu seu país e enriqueceu o nosso pode ser chamado de sábio? Aproveita a situação e dá ordens ao capitão Kemal (Kemal Reis) para resgatar os judeus, a partir de Cádiz, e levá-los às terras otomanas. Beyazid deu ordens claras aos governadores das províncias do seu império: não recusem os judeus, não lhes causem dificuldades; eles devem ser recebidos com cordialidade. E, cordialmente, foram recebidos em Istambul, Edirne e Izmir.

Consta que por essa época vivia em Toledo, já há mais de trezentos anos, a família dos Ibn Susan ou Ibn Shoshan; que um Joseph ibn Susan teria construído a sinagoga que depois se transformaria na igreja Santa Maria la Blanca. Pena que só descobri isso depois de ter visitado, por duas vezes, a cidade. Em 1492, toda e qualquer contribuição se tornou inútil: foram igualmente expulsos. Em três meses, cerca de duzentos mil judeus partiram para o exílio fugindo da Inquisição.

Muitos deles embarcaram com Kemal Reis e chegaram às terras do Sultão. Há um quadro, *A recepção*, do artista Mevlut Akyildizk, que retrata o próprio Beyazid II dando as boas-vindas aos seus novos súditos. Imagino se algum ibn-Susan estava naquele navio.

Preciso descobrir algo sobre Kemal Reis. Daria um personagem notável. Mais uma vez, não tenho muito sucesso. Descubro que ele defendeu Málaga e Granada, ainda muçulmanas, contra os ataques de Isabel e Fernando, em 1487. Há uma réplica em miniatura de sua nau, Göke, na biblioteca do Palácio Topkapi, em Istambul. Göke significa Paraíso. Perfeito para o resgate dos judeus espanhóis, mas, com alguma frustração, descubro que isso aconteceu logo depois da operação, quando se tornou almirante.

O Decreto de Granada não lhes permitiu levar nada – deu-lhes apenas quatro meses para deixar o reino, deixando todo ouro, prata ou qualquer outro metal precioso. Diz a lenda que saíram apenas com a chave de suas casas, para onde imaginaram um dia retornar. Uma chave que acabou atravessando séculos em poder das famílias. Não sei se esse protoparente se lembrou de levar a chave de sua casa de Toledo, Sevilha ou Granada. A julgar pelo histórico recente da família, imagino que tenha esquecido de levá-la, ou do lugar onde a guardou, mas uma coisa os Reis Católicos não puderam confiscar: a língua.

Os judeus espanhóis, assim, chegaram às terras otomanas aos milhares – Constantinopla, Sarajevo, Alexandria (Egito), Adrianópolis, Kırklisse... – e tornaram Salônica a Nova Jerusalém. Consta que David Ben-Gurion visitou a cidade em 1911 para estudá-la como modelo para o futuro Estado de Israel.

Essa receptividade permaneceria ao longo dos séculos seguintes. Süleyman ou Solimão, o Magnífico, foi o sultão no auge do poderio otomano, no século XVI. Conquistou boa parte do Oriente Médio e, na Europa, tomou Belgrado, um pedaço da Hungria e chegou às portas de Viena. Revoltado com a repressão aos judeus em Ancona, protestou junto ao Papa Paulo IV, exigindo a liberdade de todos os seus súditos. O Papa acatou. E, diz Will Durant (alguém hoje se lembra de Will Durant?), que Grácia Mendes Nassi, A Senhora, da família de banqueiros Mendes, "depois de praticar filantropia e sofrer insultos e injustiças em Antuérpia, Ferrara e Veneza, encontrou finalmente a paz em Istambul".

O orgulho da origem hispânica se espalhou por onde os sefaradis andaram, junto com um espanhol que, em grande parte, permaneceu no século XV, com a incorporação de algumas palavras turcas.

É o ladino, ou *judeo-español*. Mesmo muitos séculos depois, quando a civilização sefaradi otomana estava em seus últimos dias, a língua falada dentro de casa era o ladino, um espanhol com letras hebraicas. O turco era falado na escola, na rua com os moradores dos outros bairros. E, certamente, a ideia de vir para o Brasil teve muito a ver com a semelhança entre as línguas.

7. *Avlando el ladino*

A família falava o ladino em casa e o turco na rua. No Brasil, por muito tempo falou o ladino em casa e o português na rua. Minhas lembranças do ladino são reais.

A primeira vez que ouvi falar do ladino foi no final de 1981, quando ainda comemorávamos o Nobel de Canetti. Foi nessa época que descobri que meus parentes mais velhos nunca falaram o português, por mais que se esforçassem, mas essa língua um tanto quanto estranha, um espanhol medieval mesclado de termos turcos. E poucos anos depois, ouvimos Yehoram Gaon contando e cantando a história dos sefaradis.

Gaon é um cantor israelense. Seu pai, Moshe-David Gaon, foi um conhecido historiador nascido em Sarajevo, que emigrou para Israel ainda no período do mandato britânico na Palestina. Era também poeta e profundo conhecedor do ladino.

Yehoram produziu um documentário, *De Toledo a Jerusalém*, que assistimos em família em meados dos anos 1980. Na já extinta Era Analógica, sem Internet, a fita em VHS do programa rodou várias casas a preço de ouro e promessa de desgraça eterna para quem a estragasse.

Pouco antes de sair do Brasil, assisti mais uma vez ao documentário, dessa vez pelo Youtube.

Na escola, quase todos os meus amigos judeus eram asquenazes, cujas famílias vieram, em geral, da Ucrânia,

Belarus, Polônia e Bessarábia (Moldávia), de modo que as expressões por eles usadas eram em iídiche.

Não dava para competir: eles conseguiam usar expressões entre si que ninguém mais entendia; eu só conseguia fazer isso poucas vezes, mas em geral não tinha com quem falar.

Quando me mudei para Belo Horizonte, passava todos os dias pela livraria Van Damme.

É uma figura interessante, mesmo folclórica na cidade; um belgo-flamengo que se mudou para Belo Horizonte e que, nos anos 1960, decidiu abrir uma livraria que por cinquenta anos foi uma referência para a cidade. Van Damme não gosta de ser confundido com holandês. Uma versão flamenga de Poirot. É como se ninguém, em momento algum, sequer pensasse na hipótese de que ambos fossem belgas.

Isso diz mais – muito mais – sobre a Bélgica do que qualquer livro de geopolítica.

Eu saía de casa para o trabalho e, no meio do caminho, uma rua íngreme, fazia uma parada na livraria, não apenas para dar uma olhada nos livros, mas para aproveitar o ar-condicionado. Ao final da loja, havia uma prateleira dedicada a dicionários, muitos verdadeiramente exóticos, como o *Inglês- Afrikaaner* e o *Inglês- Swali*, misturados com uns cursos em videocassete de russo e chinês.

Lá, por acaso, encontrei o dicionário *Inglês-Ladino*, do dr. Eli Kohen e Dalila Kohen-Gordon. Comprei para o meu pai.

O que ele não poderia imaginar – eu mesmo sequer pensei na possibilidade – é que, cinco dias depois, eu voltaria à livraria para encomendar outro dicionário inglês-ladino:

– Engraçado... acho que eu vendi um dicionário desses para um rapaz na semana passada...

– Sim, sr. Van Damme. Eu comprei na quinta passada.

– E o senhor vai comprar outro dicionário ladino-inglês?

– Aquele foi para o meu pai, um presente de aniversário.

– E ele tem interesse em ladino?

– Sim, ele fala. Mas não escreve. Meus avós vieram da Turquia e falavam a língua. Era o bastante para se virar por aqui mesmo sem falar português com muita desenvoltura.

– Mas que interessante... Mas, afinal, por que o senhor vai comprar um outro dicionário?

– Um amigo dele viu e ficou tão entusiasmado que me encomendou um.

– Que coisa extraordinária. Eu fiquei dez anos com dois dicionários ladino-inglês. E, em uma semana, você compra os dois! – disse van Damme.

Certamente a editora e o distribuidor também não esperavam por esse súbito interesse no ladino. Nunca mais encontrei outro exemplar. O terceiro, que seria meu mesmo, seria demais. Não sei se resistiríamos.

Há alguns anos, ao completar oitenta anos, o sr. van Damme encerrou suas atividades. Disse já estar cansado, e reclamava que ninguém de sua família se interessava em prosseguir no negócio. Mas, ao entrar na sua livraria pela última vez, consegui folhear os dicionários de afrikaaner e de swali. Poderia ter comprado qualquer um deles, naquele exato minuto. O mercado editorial deve ter alguma explicação lógica para isso. Ou talvez estivessem lá desde a inauguração, esperando por alguém que nunca apareceu.

8. Fany e Moisés

Assim que me mudei do Rio para Belo Horizonte, conheci Moisés Balabram, marido da Fany, que faz a melhor torta de chocolate do mundo.

Na primeira vez em que estive na loja, Moisés, que estava no caixa, pegou o meu cheque, olhou para minha assinatura e depois para mim.

Achei que estivesse desconfiado de algo, talvez pelo fato de o cheque ser de outra praça (anos 1990) e por isso estivesse prestes a me perguntar por mais alguma informação.

Perguntou de onde eu era.

– Do Rio.

– Não, quero saber de onde você realmente é. Sua família é judia, certo?

– Sim, da Turquia.

– De qual cidade?

– De Kırklareli, na época em que se chamava Kırklisse.

– Conheço a sua família. A minha é de Izmir.

Fiquei surpreso, pois nunca havia escutado nenhuma história a respeito de Izmir, na época otomana, Esmirna, hoje a terceira maior do país, atrás de Istambul e Ancara.

A comunidade sefaradi de Esmirna era uma das maiores do período otomano, perdendo apenas, provavelmente, para a de Constantinopla.

Moisés, logo descobri, é brasileiro. Fiquei curioso sobre esse encontro, que pode ter ocorrido no Brasil com algum parente próximo ou não. Tivéssemos nos encontrado dez anos antes, talvez conseguisse perguntar à minha avó.

Mas essa é uma das histórias que jamais conseguirei saber.

9. *No estás hablando com tus abuelos*

Meu primeiro professor de espanhol era um peruano que, no primeiro dia de aula, perguntou-me a origem do meu sobrenome. Disse-lhe ser neto de judeus que falavam o ladino, e a surpresa foi recíproca: ele não imaginava que alguém soubesse da existência dessa língua; eu também não esperava encontrar alguém que não o confundisse com o latim.

Era curioso, pois naquele momento achava que sabia espanhol "de ouvido". Às vezes, durante as aulas, soltava uma palavra que não fazia qualquer sentido aos ouvidos castelhanos. Uma vez soltei *karpuz*, ao invés do esperado *sandía*, ao tentar falar "melancia". Meu professor se divertia e eventualmente me advertia: *No estás hablando con tus abuelos. En español, por favor!*

No entanto, hoje, já não se encontra praticamente nenhuma pessoa que fale o ladino, que está morrendo, e contra isso se insurgem diversos institutos de pesquisa e associações de seus falantes.

Em Israel, foi fundada a Academia Nasionala del Judeoespañol Ladino, uma iniciativa coordenada com a Real Academia Espanhola, que reconheceu o idioma. A Academia é correspondente em Israel da RAE. Mas resta a dúvida se a iniciativa não veio tarde demais.

10. Os bondes de *muestro lugar*

Os sefaradis são otimistas por definição, a julgar pelos nomes das mulheres: Sol, Flor, Fortunée, Esperança, Linda e Alegra eram bastante comuns. Sempre achei essa característica muito interessante, e que combinava com as pessoas que eu conhecia, mas estranhava a presença de uma certa Bohora ("primogênita", belo significado que parece oculto quando pronunciamos "borrora") na história familiar. Para ela, a língua do novo país que a acolhera não foi muito simpática.

Tudo o que sei dela é que, nos bondes do Rio, já com idade avancada, quando nenhum passageiro cedia-lhe o assento, começava a resmungar alto – "em *muestro lugar*, todo cavalheiro cede lugar para uma senhora no bonde". Na época, isso era o suficiente para que todos se levantassem, em meio a algum constrangimento.

Não é de hoje que nos tornamos subitamente sonolentos e seletivamente cegos e surdos dentro dos ônibus, mas faz tempo que não ficamos mais constrangidos com isso.

11. As escolas da Aliança

Todos os judeus de Kırklisse falavam o ladino, mas as coisas começavam a mudar no início do século passado. A Aliança Universal Israelita, com sede em Paris, tinha por missão ocidentalizar os judeus otomanos, torná-los verdadeiros europeus, aptos à vida do promissor século XX, e para isso era necessário combater certas tradições e modificar o currículo. A língua do futuro é o francês, como todos sabiam naquele momento. O ladino e o hebraico simbolizavam o atraso, impediam o progresso intelectual.

Para muitos conservadores, a simples presença de uma escola da Aliança na cidade já era afronta suficiente – como admitir uma escola com um professor que não fosse um rabino?

A Aliança tentou levar para Kırklisse o Iluminismo francês. O Ocidente estava de braços abertos para receber os filhos da comunidade. Naquela época, pelo menos, era o que o Ocidente acreditava – e os sefaradis também.

Kırklisse viu a abertura de duas escolas da Aliança: a para meninas em 1911 e para os meninos em 1913. O ladino deixa de ser usado como a língua de instrução – apesar de permanecer falado nas casas, fosse na Turquia, fosse em qualquer lugar do mundo. As matérias como ciências, matemática e história passaram a ser ensinadas em francês. Os diretores viviam escrevendo para a sede da Aliança, em Paris, pedindo por livros didáticos. As crianças recebiam educação europeia, fora de qualquer controle rabínico e sob os princípios da república francesa, falavam o idioma como se tivessem nascido na França.

Isso era o resultado do modelo otomano dos *millet*, palavra originada do árabe *milla* (nações), cuja origem remonta os sassânidas, que ocupavam o sudeste turco por volta do século IV. Os muçulmanos se reconhecem com o terceiro dos povos "do livro", monoteístas, e admitem sua relação com o judaísmo e o cristianismo.

Dos *dhimmis* – ortodoxos gregos e russos, armênios, cristãos sírios e judeus – os otomanos exigiam fidelidade ao Sultão e o reconhecimento do Islã como a religião do império que os acolhia; em troca, possuíam autonomia para a vida privada – escolas, religião, mercados –, desde que pagassem os impostos. Estavam, ainda, isentos do serviço militar. Ao longo dos séculos, foram vistos como uma fonte de renda para o Império. A rigor, a situação tornou-se precária a partir de meados do século XIX, mas ainda assim, de um modo geral, essa tolerância foi mantida.

Isso começou a mudar em 1915, já durante a Primeira Guerra, quando se tornou obrigatório o ensino do idioma, história e geografia turcas. Quando o sistema do *millet* foi definitivamente abolido, pela república, a situação de todas as minorias mudou para sempre.

Minha avó estudou na escola da Aliança; falava francês como se tivesse vivido em Paris por meia vida. No Brasil, não perderia uma única oportunidade de falar francês e de falar mal de religiosos de um modo geral. Meu avô, ao que tudo indica, na escola tradicional. Mordom jamais concordaria com essa modernidade, esse desprezo pela religião.

12. Elias em Marrakesh

Em *A língua absolvida*, primeiro volume de suas memórias, Elias Canetti fala dos parentes turcos e do ladino, "a língua corrente, aliás um castelhano antigo, que também mais tarde ouvi com frequência e jamais esqueci". Elias diz que esqueceu completamente o búlgaro, uma vez que nunca frequentou uma escola búlgara e deixou sua cidade natal, Ruschuk (Ruse), aos seis anos.

Mas sua língua era, de fato, a alemã: "apenas as ocorrências mais dramáticas, mortes e assassinatos, por assim dizer, e os meus maiores sustos, conservaram-se para mim em ladino, mas neste caso de forma muito mais precisa e indelével. Todo o resto, portanto, a maior parte, e principalmente tudo quanto era búlgaro, como os contos, trago na cabeça em língua alemã".

Ao contrário de Bashevis Singer, que escreveu em iídiche, Canetti nunca abandonou seu amado idioma alemão.

Lembro-me de Elias Canetti assim que chegamos a Kırklareli. Impossível não associar as duas obsessões – a viagem e o escritor, neste caso desde o final de semana em que comemoramos o Nobel.

Nos anos 1960, ele fez uma viagem de dez dias ao Marrocos. Como ele mesmo reconheceu, não se preparou para ela, não estudou uma palavra de árabe, não procurou se inteirar de nada, não consultou nenhum guia – apenas se deixou levar pela cidade.

Voltou e escreveu *Vozes de Marrakesh*.

Thomas Mann, por outro lado, pegou cinco linhas do Antigo Testamento e escreveu um romance de duas mil páginas sobre José e seu irmãos.

Lembro-me disso enquanto, à noite, no quarto do hotel, procuro escrever algumas notas para este livro, perguntando-me se essa história não merecia melhores mãos.

13. A mesquita e a sinagoga

O pai de Elias, Jaques, nasceu em Adrianópolis. Como toda cidade turca, Edirne teve vários nomes ao longo de sua história: teria sido criada por Orestes, filho do rei Agamenon. Chamava-se Orestias. Posteriormente, foi refundada como Adrianópolis pelo imperador romano. Até o começo da república turca, a cidade era conhecida pelo nome grego. A atual Edirne é Odrin para os búlgaros, Edrene para os albaneses e Jedrene para os sérvios.

Edirne não foi apenas a cidade do imperador Adriano. Nas mãos dos turcos desde 1363, foi a segunda capital do Império Otomano, até a conquista de Constantinopla. É hoje a cidade mais próxima da União Europeia, colada na fronteira grega.

Paramos na mesquita de Selimiye, obra-prima do maior arquiteto do Império Otomano, Mimar Sinan, que na realidade não era turco. Tudo indica que fora tomado de sua família cristã ortodoxa, grega ou armênia, durante uma cobrança do *devshirme*, um imposto sobre o sangue – as crianças cristãs nos Bálcãs eram levadas para serem criadas e se tornarem funcionários do Estado. Chegando em Constantinopla, juntou-se aos temidos Janízaros e se converteu ao islamismo.

Leio sobre Mimar Sinan em *O aprendiz de arquiteto*, da escritora turca Elif Şafak. No romance, o personagem principal é Jahan, o aprendiz (fictício) de Sinan, que chega ao Palácio Topkapi da Índia com o Shota, um magnífico elefante branco.

O Sultão Selim II prometeu conquistar o Chipre, e com o butim de guerra, construiria uma fabulosa mesquita. A tarefa foi executada por Sinan Mimar. Curiosamente, diz Şafak, a mesquita erguida em sua honra ia ganhando altura à medida em que o homenageado decaía fisicamente. "O homem e o edifício estavam unidos de um modo profundo, mas inverso, como a noite e o dia. Para que um existisse o outro deveria perecer. Com cada prego que se martelava e cada pedra que se colocava no edifício, algo lhe era arrebatado: a saúde, a felicidade, o poder e, por último, o *kismet* [destino]."

É claro que, quase quinhentos anos depois, o sultão Selim II desapareceu e a mesquita Selimiye continua intacta. Sinan viveu até os noventa e nove anos, uma idade que o coloca entre a realidade e o mito. Quanto ao Chipre, bom, melhor deixar para lá. A República Turca do Norte do Chipre só é reconhecida pela própria Turquia, mas essa é outra história.

Aberta aos fiéis em 1575, consiste em um grande domo com quatro altos minaretes, integrando um complexo que inclui uma madrassa (escola islâmica que, com a república, passou a abrigar um museu de arte turca e islâmica) e uma biblioteca.

No século passado, Patrick Leigh Fermor passou por Edirne – mas não por Kırklareli – e se encantou com seus minaretes e cúpulas da primeira capital otomana europeia.

Os turistas que visitam Edirne, hoje, o fazem quase que exclusivamente para conhecer a mesquita. É razão suficiente para ir à cidade.

No início do século passado a viagem entre Kırklareli e Edirne era, certamente, mais longa, a cavalo, mas frequente. Era comum aos judeus do *Yahudi mahallesi* buscarem na cidade grande as últimas novidades, as notícias – Adrianópolis tinha uma vida cultural intensa, com teatros que exibiam peças faladas em ladino, além de jornais que circulavam por todo o mundo sefaradi otomano, como o *La Boz de la Verdad*. A cidade era consideravelmente maior que Kırklisse, e a comunidade judaica também o era, na mesma proporção.

Procuramos a Grande Sinagoga de Edirne. Acho que quase nenhum turista se interessa por ela hoje. Curiosamente, estava fechada, apesar de não ser *shabat*.

O prédio original foi destruído pelo grande incêndio que assolou a cidade em 1905, quando cerca de 25 mil judeus viviam aqui; o templo atual foi construído no ano seguinte, na rua Maarif, por ordem do Sultão Abdülhamid II, abandonado em 1983 e restaurado em 2015.

A reinauguração foi um evento à parte – "Velhos amigos, bem-vindos de volta", diziam os cartazes afixados nas proximidades. Centenas de judeus visitaram Edirne para a cerimônia.

É a maior sinagoga turca, e a terceira da Europa. Antes da Primeira Guerra, havia cerca de 28 mil judeus na cidade; em 1943, menos de dois mil. Em 2016, foi celebrado o primeiro casamento em mais de quarenta anos. Como em Kırklareli, a comunidade sefaradi se resume a uma família.

Passamos uma tarde em Edirne, e de lá partimos para Kırklareli. No Hotel Lozengrad ninguém entendia nossa opção – "vocês deveriam ter feito o contrário", disseram. Duas noites em Edirne e uma tarde por aqui... a antiga capital imperial sempre eclipsou a cidade das Quarenta Igrejas, situação que permanece inalterada no início do século XXI, pelo menos para os turistas estrangeiros.

14. Bulgária: ida e volta

Meu hotel em Istambul ficava perto do Parque Gülhane, em frente à mesquita Karaki Huseyin Çelebi, o que fazia com que acordasse junto com o nascer do Sol, chamado pelo *muezin*. Aqui em Kırklareli, o hotel está em frente a um belo parque e um café, o que faz com que, pela manhã, me esqueça que estou em um país muçulmano.

Em vários aspectos Kırklareli é bastante diferente de Istambul. A proximidade das fronteiras grega e búlgara é clara. Quase não encontro mulheres cobertas pelo véu, por décadas proibido pela República, mas que agora voltou a ser permitido.

Os kemalistas temem que, em breve, se torne obrigatório. Há um mal-estar evidente. Agora, século XXI adentro, búlgaros e turcos cruzam diariamente a fronteira, e tudo o que não se precisa é um governo saudosista do passado imperial otomano. Quando perguntei como o principal hotel da cidade tinha o nome dado pelos invasores búlgaros, a resposta, invariavelmente, é que essa não é a verdadeira questão. O que importa, na verdade, é a guerra cada vez mais aberta entre laicos e islâmicos.

Estar na fronteira com a Bulgária significa, a rigor, estar próximo da União Europeia. Na estrada, vindo de Istambul, nossa van foi parada pela polícia. O motorista saiu, conversou por quase cinco minutos com dois policiais, entregou documentos e, por um momento, a situação pareceu estar tensa. Depois, retornou com esses mesmos dois policiais e abriu a van. Eles nos olharam, pediram os passaportes e, depois de algum tempo, nos liberaram.

– Sírios. Estão à procura de refugiados. A União Europeia não os quer de jeito nenhum, e nosso governo se comprometeu a impedir o fluxo.

No dia em que retornamos a Istambul, fomos novamente parados na estrada, por uma outra patrulha. Procedimentos semelhantes, ainda que os policiais, desta vez, tenham sido mais simpáticos e rápidos.

– Búlgaros. Estão procurando trabalhadores búlgaros ilegais – disse nosso motorista, sem fazer a menor força para esconder um certo orgulho.

Durante a Guerra Fria, a fronteira da Bulgária com a Turquia e a Grécia foi um dos locais mais vigiados da Europa, e não foram poucas as tentativas de fuga do bloco comunista para esses dois países. Hoje, são parceiros da OTAN – se, em 1912, alguém dissesse que, um dia, os três países participariam de uma mesma aliança militar, seria considerado louco ou espião.

Em 1984 o governo búlgaro desencadeou uma agressiva política de assimilação forçada, procurando "bulgarizar" a minoria turca, que se viu proibida de frequentar mesquitas, praticar o islamismo e mesmo falar o idioma – o que incluiu a eslavização dos próprios nomes. Nessa época, já percebiam o problema demográfico que hoje é um dos mais graves na Europa: não nascem búlgaros o suficiente na Bulgária. A população está em perigoso e acentuado declínio.

Em 1989, nos últimos dias do regime de Todor Jivkov (que seria derrubado em dezembro pelos membros reformistas do próprio Partido Comunista, que buscavam uma solução não revolucionária para a transição de poder), a fronteira sofreu novo choque, com a expulsão de centenas de milhares de turcos étnicos do país.

Quinhentos anos de domínio otomano deram origem a um grupo de búlgaros islamizados – eslavos, e não turcos –, os pomaks. Não é preciso ser muito perspicaz para perceber que os pomaks são um incômodo para o nacionalismo búlgaro, mais de um século após a independência.

Na Turquia mesmo, nos anos 1930, os judeus foram obrigados a adotar nomes turcos. Algum parente de minha avó que permaneceu em Istambul foi forçado a trocar Salomão por Salim. Nos Bálcãs, não são apenas as cidades que mudam de nome ao longo dos séculos.

Impossível não pensar na Bulgária e nos búlgaros. Elias Canetti nasceu em Ruse, na margem búlgara do Danúbio, na fronteira com a Romênia. A tentação de cruzar a fronteira é grande, mas, infelizmente, ficamos do lado de cá.

Escritores brasileiros são injustos e teimam com a Bulgária. Um verdadeiro *bullying.*

Campos de Carvalho implicou bastante com a Bulgária. Em seu *Púcaro Búlgaro,* "dedica" o livro à memória daqueles que "em todos os tempos e sob as condições mais adversas, tentaram ou conseguiram heroicamente atingir as regiões mais inatingíveis deste ou de qualquer outro planeta" – o que, segundo o autor, inclui a Bulgária. Mas também, insistiu, inclui Brasília.

Diogo Mainardi, em *A Queda,* recebeu a notícia de que seu filho mais velho sofreu paralisia cerebral como se lhe houvessem dito que ele era búlgaro – "se eu descobrisse que meu filho era búlgaro, minha primeira atitude seria consultar um almanaque em busca de dados sobre a Bulgária: produto interno bruto, principais rios, riquezas minerais".

Elias Canetti jamais aceitaria ouvir que a Bulgária era o "fim do mundo". Ainda mais vindo de um brasileiro. Para ele, seria o fim da picada.

15. Sinagogas

Após a primeira noite, acordamos em busca do *Yahudi mahallesi*. Ninguém o conhece pelo nome, basicamente porque, no século XXI, não há mais que um judeu na cidade.

No hotel, dizem que não há nenhuma sinagoga (*kal*, do hebraico *Kahal*, congregação) na cidade; que deveríamos procurar pela de Edirne, essa sim, uma cidade maior com um grande templo, seguramente um dos maiores de toda a Europa.

Mas nosso guia tem algumas informações, que precisa confirmar, e que podem nos salvar. A sinagoga pode estar na Cumhuriyet Caddesi (Avenida da República), o que certamente nos levará ao que um dia foi o bairro judeu.

Está bem próximo a ela, na Şükrü Naili Caddesi.

Não é fácil identificá-la na rua, como é difícil encontrar um único resquício do antigo bairro. Provavelmente foi por isso que a pergunta no hotel tenha causado tanta surpresa e dúvida.

No térreo, uma confeitaria. Os vitrais do segundo andar também não permitem a um pedestre desavisado a menor suspeita de que lá está a sinagoga que por muitos anos serviu a uma grande comunidade. Abdullah conseguiu que abrissem o prédio para nossa visita – as chaves estavam no posto de gasolina Halevalar, no centro.

O interior é pequeno e simples, mas bem claro, bonito e conservado. O rapaz que nos franqueia a visita diz que, há cerca de um ano, um grupo de brasileiros esteve aqui; parece que os pais haviam se casado aqui antes de emigrarem. Não soube contar maiores detalhes – idade dos filhos, sobrenomes, data do casamento. Entre o salão do templo e a saída, há uma pequena sala, com várias fotos e quadros na parede, incluindo – sempre ele – o postal (datado, aqui, ao que parece, de 8 de dezembro de 1912, o que significa dizer que já no período da ocupação búlgara na Primeira Guerra Balcânica).

O postal divide a parede com fotos mais novas: um casamento bem mais recente, uma visita de alguma autoridade ao templo, já provavelmente durante a república. Ficamos sabendo de uma visita recente de brasileiros, que visitaram o templo em que seus pais se casaram, mas não conseguimos descobrir seus nomes.

O antigo bairro judeu de Kırklisse, que era bem central, hoje não existe. Estamos no centro de Kırklareli. Mas logo descobrimos que a rua daquele postal é justamente a Avenida da República.

É de bom tom que as sinagogas turcas sejam discretas. Em 2003, a Al Qaeda explodiu duas sinagogas em Istambul, matando cerca de vinte e ferindo outros trezentos.

Em Istambul fomos ao museu judaico, em Galata. A Torre Galata foi construída por genoveses no século XIV, e suas redondezas sempre foram consideradas o núcleo da vida judaica na cidade.

Como em Kırklareli, não foi fácil encontrá-lo, e, perguntando pela sinagoga nas ruas, ninguém era capaz de indicar a direção. Até que uma mulher, egípcia, que passeava com o filho pequeno num carrinho, resolveu nos ajudar, sabe-se lá por qual razão. "Sim, eu sei onde é, sigam-me", dizia – e lá fomos nós, virando esquinas e entrando em becos nas sinuosas ruazinhas do bairro.

Não sei o que exatamente deu na nossa cabeça para confiarmos tão cegamente em uma estranha. Fato é que, depois de uns vinte ou trinta minutos, constatando pessoalmente a loucura dos motoristas de Istambul – a ponto de relativizarmos nossos conceitos não muito positivos a respeito do motorista brasileiro – e depois de uma van quase ter passado por cima do carrinho de bebê (o que a levou a gritar histericamente ao motorista e a chamar a atenção de toda a rua), chegamos a um portão sem qualquer identificação ostensiva – mas apenas o símbolo da fundação junto à portaria discreta do prédio.

Ao interfone nos apresentamos – brasileiros que gostariam de conhecer o museu da Quincentennial Foundation. Despedimo-nos de nossa guia acidental, entregamos nossos passaportes e conseguimos entrar no prédio, para em seguida passarmos pela esteira do detector de metais.

O museu abriu em 2001, no prédio da Sinagoga Kal Kados Galata, mais conhecida como Sinagoga Zülfaris (nome da rua em que se situava). Desde 2016, está localizado na Sinagoga Neve Shalom (Oásis de Paz), e descobrimos ser essa uma das razões de nos perdermos. Dentro do museu, há um *hall* que leva o visitante ao interior da sinagoga.

A Neve Shalom é a maior sinagoga sefaradi de Istambul. Foi uma das sinagogas atacadas em 2003 por um carro-bomba. Já havia sido atacada outras duas vezes, em 1986 e em 1992.

Foi lá, também, que se realizou, em março de 1992, uma cerimônia em agradecimento aos cinco séculos da acolhida turca aos judeus expulsos da Espanha. O museu preserva esses cinco séculos – fotografias, vestimentas, objetos religiosos (uma linda Torá protegida, e outra bem menor e mais antiga, no seu catálogo permanente), um especial destaque para a participação judaica na vida pública turca ao longo da história.

16. Às vésperas da guerra

Os moradores do bairro judeu de Kırklisse eram, quase todos, comerciantes; alguns um pouco mais ricos, que viviam viajando para Constantinopla, Adrianópolis e Salônica – os realmente ricos moravam numa dessas três. Havia, claro, o Café – que todos na cidade conheciam como o Café dos Judeus. Era o ponto nervoso, o grande centro da vida comunitária não religiosa e, às vezes, mais importante que a própria sinagoga. Os homens passavam horas no Café, fumando e discutindo as últimas notícias vindas do mundo exterior.

Mordom vivia com Neamah e os filhos, José, Vitali, Nissim, Rafael, Rosa e Sarah. Rafael era o caçula e, na época do postal, tinha quatro anos. A casa em que viviam era muito parecida com todas as outras da rua: pequena, de dois andares. No primeiro, um único cômodo, confortável e aconchegante, com uma boa lareira e, no canto, a cozinha. No segundo andar, três quartos – um para os filhos, um para as filhas e o terceiro para o casal. Nos fundos da casa, um poço e um pequeno terreno, onde guardavam lenha para o inverno. Durante a ocupação búlgara (e, depois de 1918, a grega), o local onde eram guardados seus poucos objetos de valor.

Perto dali ficava o *Akalar mahallesi,* o bairro búlgaro, onde era possível comprar iogurte e mel – o melhor mel do mundo. E vinho.

Ao norte, na parte alta da cidade, ficava o bairro grego, o *Yayla mahallesi*. As melhores casas estavam lá, nas melhores ruas. Todos os habitantes da cidade – inclusive os judeus – frequentavam o bairro grego para consultar médicos gregos. As relações entre os judeus e os gregos da cidade eram bastante razoáveis. Claro, a situação era outra entre os judeus otomanos e os gregos que viriam do outro lado da fronteira, principalmente quando, ainda em 1912, Salônica é definitivamente tomada.

Uma cidade pequena, muito dividida, claro, mas ainda assim, *uma* cidade. Cada um vivia no seu bairro, mas não havia guetos ou zonas proibidas para ninguém. E não seria difícil proibir, já que os habitantes podiam ser reconhecidos à distância, simplesmente pelos trajes. Uma cidade tão disputada tinha lá suas peculiaridades: os bairros búlgaro e grego ficavam desertos aos domingos; a escola turca, seguindo o Profeta, fechava às sextas e o bairro judeu, claro, parava aos sábados. A cidade dividida só funcionava plenamente quatro dias da semana.

Nas histórias de Shakespeare, os venezianos temem os otomanos – para eles, era tudo mouro. E, no entanto, é em Veneza que, em Cannaregio, é estabelecido o primeiro gueto judeu. Lendo *O mercador de Veneza*, é fácil perceber por que os judeus temiam os venezianos, e não os otomanos.

Até que, em 1912, tudo começou a mudar.

17. A estação de trem

Kırklisse era, até 1912, uma cidade relativamente distante de Constantinopla e do resto da Europa. O caminho para a capital e mesmo para Adrianópolis só podia ser percorrido por cavalos, mulas ou carroças. Os pouco mais de cem quilômetros que separam a cidade de Tekirdağ (então, Rostovo) eram percorridos em cerca de três dias nessas condições; os sessenta quilômetros para oeste até o rio Meriç não levavam menos de um dia e meio.

A situação mudou quando, em junho de 1912, foi inaugurado o trecho que ligou Kırklisse a Babaeski, ao sul.

Agora, era possível sair de Kırklisse e chegar a qualquer parte do império, como Constantinopla e Adrianópolis, ou mesmo Jerusalém! Era possível ir a qualquer lugar, com tabela de horários e a preços razoáveis. A cidade estava conectada à grande linha Berlim-Bagdá, e a estação de trem se tornou o mais importante ponto de encontro da região.

A inauguração da estação foi um evento. Oficiais do exército, altos funcionários do Sultão, todos estavam lá para a festa. Mordom levou os filhos à inauguração; todos os moradores estavam lá: gregos, búlgaros, judeus e turcos, cada um com um interesse e um destino em mente. Agora era realmente fácil sair da cidade.

Para Mordom, que acompanhava, desde o Café dos Judeus do *mahallesi* as notícias que vinham principalmente

KIRKLARELI
KIRKLARELI
G.G.

de Adrianópolis, para onde ia com alguma frequência, a inauguração da estação era algo a ser comemorado, mas também trazia algumas preocupações, uma vez que, se agora era mais fácil sair de Kırklisse, certamente era mais fácil, também, *chegar* à cidade – e com isso, tinha em mente não apenas os gregos, mas também os búlgaros e russos. De uma hora para outra, era interessante chegar a Kırklisse para, a partir daí, rumar a Constantinopla. Seu conhecido pessimismo não o deixava sossegado.

Foram necessários apenas quatro meses para que suas impressões se confirmassem. A estação de trem serviu de base para o exército búlgaro ao invadir e ocupar a cidade. Por aqui, também, judeus e turcos evacuaram desordenadamente a cidade em 1912, esbarrando em tropas inimigas e soldados otomanos que vagavam, perdidos, depois da derrota de outubro.

Sabíamos que a estação já não funcionava desde o início dos anos 90. Do contrário, certamente teríamos saído de Istambul de trem.

O prédio, de dois andares, não está nos seus melhores dias – pichado, com janelas quebradas, abandonado. O sino, à beira da antiga plataforma, tocado para avisar aos passageiros mais atrasados da iminência da partida do trem, ainda está aqui. Nosso motorista faz questão de tocá-lo. A linha de trem ainda é visível, coberta pela grama até se perder completamente no traçado da cidade moderna.

Daqui é possível chegar à Avenida da Estação (*Istasyon Caddesi*), uma bela alameda, exclusiva para pedestres, arborizada e repleta de cafés e restaurantes, parques e lazer para adultos e crianças. Há uma estátua de uma mãe e uma criança às voltas com as famosas uvas da região. Os prédios que a margeiam lembram os edifícios antigos da zona sul do Rio.

Mais à frente, fica o estádio Atatürk, onde costuma jogar o Kırklarelispor. À falta de alguma partida, podemos ver dezenas de pessoas correndo na pista de atletismo que contorna o campo.

18. Outubro de 1912

Saio da sinagoga e fico imaginando esse pedaço da cidade às vésperas da invasão, em 1912.

Outubro sempre foi um mês difícil para os habitantes das cidades otomanas da Trácia. As pessoas trabalhavam freneticamente para garantir o estoque de comida e de lenha para a longa temporada de neve que se aproximava. A maioria das lojas fecharia pelos próximos três meses, e as pessoas não sairiam de suas casas sem um motivo muito persuasivo: um nascimento, uma visita imprescindível, uma convocação da prefeitura, um enterro e, vá lá, um casamento. Até as escolas permaneceriam fechadas por várias semanas. Afinal, com o frio e a neve até os joelhos, não adiantaria insistir muito.

O outubro de 1912 foi particularmente frio e chuvoso. Não se tratava, contudo, de uma mera descrição climática, mas também psicológica. Em setembro do ano anterior a Itália desembarcou na Líbia, então ainda parte dos domínios do Sultão. Giulio Gavotti joga a primeira bomba aérea da história das guerras. E os turcos são os primeiros a abater um avião a tiros. Mas, ao final, a decadência otomana adquire sinais mais apocalípticos: a Itália toma o território da Tripolitânia e Cirenaica, e os turcos perdem mais de vinte mil soldados.

Mordom tinha acabado de chegar de uma de suas passagens por Adrianópolis. Trouxe alguns jornais búlgaros. Todos destacavam, com variados graus de histeria, as declarações do rei Ferdinando. "De vitória em vitória", anunciou. "Até Constantinopla", era o que bradavam os jornais. E não era preciso ser muito perspicaz para perceber que Kırklisse estava no meio do caminho.

Ele certamente era uma criança quando a cidade foi ocupada pela última vez.

Em 1878, os russos ocuparam Kırklisse por cerca de um ano, isolando-a de Constantinopla durante esse período. Bom para os búlgaros e os gregos, mas, como se pode presumir, nada bom para os judeus e os turcos – as duas comunidades chegaram a abandonar a cidade. Além de viverem na fronteira do Império Otomano, viviam próximos à fronteira entre os sefaradis e os asquenazes (a Ucrânia estava a poucas horas pelo Mar Negro). Quando os russos promoviam os *pogroms,* os asquenazes passavam por Kırklisse e, de lá, partiam para outras partes do mundo. Nessas horas, sefaradis e asquenazes conseguiam se ajudar.

E, apesar de tudo, esse outubro de 1912 trouxe não apenas um frio extraordinário e uma chuva inclemente. Para completar, trouxe um exército búlgaro.

19. Uma guerra à procura de seu Tolstói

Mais de um século depois, ofuscadas, na Europa, pelas duas guerras mundiais, e no resto do mundo por tudo, quase ninguém se lembra das duas guerras balcânicas, à óbvia exceção dos países diretamente envolvidos.

Por ser anterior ao conflito de 1914-1918 (ainda que por meses), era para nós algo difícil de conceber. As poucas imagens da época – filmes de pouca qualidade técnica, aquele preto-e-branco com efeito acelerado tornam qualquer cena de combate meio cômica, e mesmo inofensiva.

Saber disso antes da guerra da Iugoslávia me conferiu algum *status* com os professores de História, já que era quase sempre o único a conseguir identificar no mapa entidades então inimagináveis como "Macedônia", "Montenegro" ou "Bósnia-Herzegovina".

Mas nos anos 1990, por razões evidentemente trágicas, esses nomes voltaram aos assuntos de televisão e jornais – todos falavam das guerras de independência das repúblicas iugoslavas. Todos falavam agora em Bósnia-Herzegovina. Senti como se tivesse perdido uma certa exclusividade no assunto.

Tolstói eternizou a invasão francesa à Rússia, e até hoje seus leitores se lembram da batalha de Borodino. Mas quem irá se interessar pela Batalha de Kırklisse? Quem é seu Tólstoi? Qual é o seu *Guerra e Paz*? Quem foi o general Kutuzov desta guerra?

20. Nunca acredite no próprio *slogan*

O Império se encontrava em franca decadência há décadas: boa parte do território europeu havia sido perdida. Sérvia, Romênia e Bulgária já eram realidades, ainda que instáveis; os gregos tinham acabado de tomar Salônica – um trauma não apenas para o Sultão, mas em especial para civilização sefaradi, que perde, assim, a cidade com a maior população judaica da época.

A maioria dos sefaradis imediatamente se dá conta do que acaba de acontecer – melhor teria sido cair para os búlgaros, reconhecem. Com os gregos, todas as conquistas dos últimos séculos desaparecerão em pouco tempo. A solução é uma fuga em massa, para Istambul, Adrianópolis... talvez até para a Espanha.

Animados, quatro países formaram a Liga Balcânica: Grécia, Bulgária, Sérvia e Montenegro. Quatro pequenos países, com menos de um século de independência dos otomanos, de fragilidade militar reconhecida e temida pelas potências europeias, que previam um desastre completo contra os otomanos e a possibilidade de reconquista de parte dos territórios perdidos nas últimas décadas. Além do mais, era difícil apontar um interesse comum entre os quatro, além do de tomar a maior quantidade possível de território otomano.

O Sultão e os gregos deram ordens de mobilização dos seus exércitos. Dias depois, o abusado rei Nicolau de

Montenegro declarou guerra ao Império Otomano. Ferdinando da Bulgária também não perdeu tempo, o que foi algo tremendamente complicado em uma cidade dividida de maioria búlgara. Mas ninguém na Europa acreditava que essa união de países com interesses tão díspares e capacidades militares tão insignificantes pudesse funcionar. Provavelmente acabariam atacando uns aos outros antes de incomodar.

O temor europeu levou a uma excessiva e injustificada autoconfiança por parte dos turcos.

Os pequenos Estados ignoraram todas as advertências das grandes potências, que temiam que o fracasso da empreitada permitisse um avanço turco pelas terras europeias.

O que ninguém podia esperar era que desse certo. E, mais que isso, o grau de sucesso. Em menos de dois meses o Sultão perdeu praticamente todo o território europeu. Os gregos tomaram o Egeu e – suprema conquista – Salônica. Os sérvios invadiram Kosovo, onde fica a tumba do primeiro Sultão, Murat I, o conquistador de Adrianople, e Üsküb, que virou Skopje. Todas, regiões há séculos otomanas. Perdidas para sempre.

Em menos de dois meses o Sultão irá perder todo o território europeu.

A guerra se tornou próxima quando os moradores de Kırklisse perceberam que a estação de trem estava novamente cheia de soldados, como na inauguração, em julho.

Mas o clima era bem diferente daquele verão, e Mordom percebeu isso rapidamente. Agora não se via mais os generais caminhando tranquilamente pelas redondezas, nem burocratas de alto escalão, mas soldados e oficiais carregando mantimentos e armas, sem conversar com praticamente ninguém. A estação se transformava em um quartel-general. Na escola os professores falavam sobre o que estava acontecendo. E a cidade foi tomada por um sentimento estranho, como se o dia acabasse mais cedo e todos voltassem para suas casas o mais rápido possível.

Em 17 de outubro começa a guerra. No dia seguinte, as ruas de Kırklisse são tomadas pela chegada das tropas turcas, que desfilam pela rua principal – a alguns poucos minutos da casa de Mordom. Uma banda militar passou o dia tocando marchas marciais.

É provável que Mordom tenha assistido à parada militar, com os filhos mais velhos, Vitali, Nissim e José. Os judeus e os turcos saudaram as tropas. Ao mesmo tempo, os bairros grego e búlgaro foram praticamente abandonados.

Pela cidade, os turcos matavam carneiros, seguindo a tradição e na esperança de trazerem sorte aos soldados do Sultão. Pelas poucas informações que tenho de Mordom – "um olhar tão austero que era difícil encará-lo" – imagino sua reação, afinal, em momentos de guerra não se sacrifica carneiros. Melhor guardá-los para comê-los.

"Nosso exército é imbatível", gritavam as multidões. O marechal de campo von der Goltz, que treinava os otomanos, alardeava a bravura e eficiência do exército do Sultão:

– Nossas tropas em torno da fortificação de Kırklisse são capazes de sustentar suas posições diante da Prússia por até meses.

Abdullah Paxá era o comandante turco encarregado de deter o avanço búlgaro, mas, como todos os generais, imaginava que o ataque seria a Kumanovo, bem a oeste.

Nunca a Trácia. Todos em Adrianopolis e em Kırklisse pensavam assim. No Café, todos apostavam nisso.

Evidentemente, não foi o que aconteceu. O alvo foi Kırklisse, e não Kumanovo. E, é claro, o exército turco não era mais imbatível. Há séculos já não o era, mas a decadência se mostrava numa velocidade assustadora.

O grande pecado é acreditar no próprio *slogan*.

21. *Marsh, marsh, Lozengrad nash*

No fundo, todos já sabiam disso. No dia 22 de outubro, era possível ouvir, da cidade, o som os canhões. Nos dois dias seguintes, o som se tornava cada vez mais claro e evidente – o exército estava perdendo.

Se a audição não funcionasse – uma característica dos descendentes de Mordom que chegou ao Novo Mundo –, outros sentidos evidenciavam a situação. Na manhã do dia 24 de outubro, a sinagoga estava vazia. Para uma pessoa religiosa como Mordom, a única razão para a casa de Deus estar vazia na iminência de uma invasão era a constatação de que boa parte dos moradores do *Yahudi mahallesi* já havia abandonado a cidade, como gregos e búlgaros de dias atrás. Mordom manteve a família em Kırklisse durante todo o período. A esmagadora maioria havia deixado a cidade, e as ruas do bairro judeu estavam assustadoramente desertas.

A notícia não demoraria a chegar entre os poucos que ainda frequentavam o Café: os búlgaros venceram a fraca barreira turca entre Kırklisse e Adrianópolis; a cavalaria avançou sobre as defesas otomanas ao norte da cidade. As tropas turcas fugiram em pânico – não há outra palavra mais apropriada para isso –, abandonando tudo pelo caminho. "*Na nozh!* – pela faca!", gritava a infantaria búlgara.

Quando, na manhã seguinte, uma patrulha chegou até a histórica fortificação de Kırklisse, descobriu não apenas a debandada do inimigo, como também grande quantidade de munição e armas.

Nessa mesma manhã, um trem apareceu na estação de Kırklisse, o último até o fim da guerra. Foi o caos: centenas de pessoas tentando desesperadamente embarcar e fugir da queda iminente da cidade. Finalmente o trem conseguiu partir em direção ao sul, para a cidade de Lüleburgaz. Pouco antes de chegar ao seu destino, tropas turcas fugindo de Kırklareli foram confundidas com búlgaros pelos soldados a bordo. Os dois grupos abriram fogo, até que a confusão foi finalmente esclarecida e o trem pôde chegar a Lüleburgaz e, em seguida, percorrer os 200 quilômetros até Istambul.

No mesmo dia, uma colisão frontal entre dois trens militares na linha Babaeski-Kırklisse aumentou a agonia, e impediu a fuga de muitos judeus e turcos para Constantinopla. Eles acabaram tendo de voltar para a cidade invadida.

Ao sul da estação de trem, uma multidão de soldados turcos, a maioria já sem armas, com braços, pernas e rostos enfaixados, sem emitir uma palavra que fosse – verdadeiros fantasmas – se aproximava da cidade.

E foi assim que o Terceiro Exército búlgaro, comandado por Radko Dimitriev, com seus cento e vinte mil soldados, entrou em Kırklisse, antes do anoitecer do dia 24 de outubro, marchando pelas ruas onde, uma semana antes, o *Kahraman Ordumuzu*, nosso bravo exército, havia se exibido.

"Marsh, marsh, Lozengrad nash."

"Marche, marche, Lozengrad é nossa."

A cidade foi ocupada rapidamente, sem maior resistência. Isso talvez tenha sido o mais impressionante.

O primeiro ato? Hastear sua própria bandeira e substituir Kırklisse por Lozengrad. Minha avó contava a história das bandeiras e dos hinos na escola. "Por via das dúvidas", dizia, "sabíamos os hinos e tínhamos as bandeiras de todos os países próximos, e quando algum exército ocupava a cidade, estávamos aptos a saudá-los no dia seguinte...".

Sempre imaginei essa cena como uma enquete do Monty Python. Só muito mais tarde percebi o que isso realmente significava.

Os búlgaros deram as boas-vindas às tropas invasoras. Exatamente uma semana depois do desfile das tropas otomanas pela cidade. Convidavam os soldados às suas casas, serviam-lhes vinho, carne de carneiro. Depois de uma marcha implacável na lama, na chuva e no frio, as tropas puderam finalmente descansar na cidade.

"Marsh, marsh, Lozengrad nash."

Dimitriev era um general baixinho e atarracado, que tamborilava os dedos sobre a mesa quando conversava com alguém; para muitos admiradores, lembrava Napoleão... E, evidentemente, nada melhor para um general em meio a uma guerra do que ser chamado de Napoleão, prestes a se tornar um herói nacional. Mas, ironicamente, um Napoleão que venerava a Mãe Rússia. Tolstói não o teria desperdiçado.

Do outro lado da fronteira, em Sofia, o ministro da guerra recebe uma mensagem anunciando a tomada de Kırklisse. Um correspondente de guerra do jornal marxista *Kievskaya Mysl* escreveu:

"Esta notícia era esperada impacientemente pelos políticos no Café Bulgária, que já sabia há dias pelas mais seguras fontes que Lozengrad seria tomada. Os jornais de Sofia já haviam tomado Lozengrad. Depois das vitórias secundárias em Timrush, Juman, Mustafa-Pasha, a população procurava uma vitória realmente marcante do exército búlgaro. Assim, em 24 de outubro, às 16 horas, Kırklisse foi de fato tomada. O centro da capital foi tomado por multidões. Bandeiras foram hasteadas. O ministro da guerra, General Nikiforov, apareceu na sacada e discursou."

A propósito, o correspondente de guerra do jornal chamava-se Leon Davidovich Bronstein, já naquele momento conhecido como Trotsky.

"Marsh, marsh, Lozengrad nash."

22. Os lobos de Çatalca

Quem poderia deter o napoleônico Dimitriev? Essa se tornou a grande e emergencial pergunta entre as potências europeias.

Vinte dias depois, o exército otomano conseguiu, em Çatalca. Lá ficou concentrada a maior parte do exército, uns cento e setenta mil soldados. E, se os russos tiveram seu General Inverno, os otomanos tinham o General Lama. Dispostos a defender até a morte a capital do império, destruíram a fama e a áurea napoleônica de Dimitriev. Vinte mil búlgaros são destroçados diante dos otomanos, do cólera e da disenteria – um lamaçal regado a cadáveres –, e acabam recuando.

Foi a única vitória otomana dessa guerra, mas fundamental para os turcos e para todos os europeus, ou os búlgaros entrariam em Constantinopla em mais alguns dias, para desespero não apenas dos otomanos, como também das demais potências europeias.

No caminho de volta para Istambul, passamos por Çatalca. Os Azaria de Kırklisse vieram daqui. Minha avó nasceu e passou os primeiros poucos anos aqui, antes de se mudar para Kırklisse. Entre o Mármara e o Mar Negro, o atual distrito de Istambul é hoje um destino de veraneio, procurado por turistas em busca de suas densas florestas, que, em 1912, eram ainda mais dominadoras, quase que engolindo as então poucas casas da cidade.

Os lobos exerciam com propriedade sua função pedagógica. Às crianças era dito que não se afastassem da cidade e, principalmente, que estivessem em casa bem antes do anoitecer.

Vez ou outra, um lobo levava alguma criança desobediente, não fazendo qualquer distinção entre turcos e judeus, numa verdadeira demonstração de equidade e tolerância religiosa. Os irmãos Grimm deveriam ter conhecido a antiga Çatalca.

23. Kırklisse se torna Lozengrad

O que aconteceu com nossos personagens durante a ocupação (que terminou no ano seguinte)? Não sei exatamente. Como sempre, ninguém falava do assunto com detalhes. Mas é certo que, ao contrário da imensa maioria das famílias da comunidade sefaradi de Kırklisse, que não se esqueceu da ocupação pelos russos e búlgaros em 1878, Mordom e sua família permaneceram na cidade.

A partir daí, é quase tudo especulação.

Trotsky certamente conversou com os poucos judeus que encontrou em Kırklisse. Sempre pensei numa conversa entre Mordom e Trotsky, provavelmente com meu bisavô religioso detestando o comunista. Ao longo dos anos, considerei esse hipotético encontro mais ou menos provável. Um encontro entre um sefaradi religioso e um askenazi comunista deveria ser algo digno de registro.

Adrianópolis caiu em março de 1913. Um mês depois foi assinado um acordo de paz, e Kırklisse, como toda a Trácia, passou a integrar o Reino Búlgaro. A cidade, evidentemente, voltou a ser Lozengrad. Os judeus que se refugiaram em Istambul – que, junto com Shköder, na atual Albânia, foi o que restou do território turco na Europa – puderam voltar à cidade.

Quando retornaram, algumas famílias descobriram que suas casas então abandonadas haviam sido tomadas pelo exército invasor. Muitas haviam escondido tapetes e objetos de valor no jardim dos fundos ou nos poços.

Nunca ouvimos maiores comentários sobre esse período que durou menos de um ano - em junho de 1913 começaria a Segunda Guerra Balcânica, e tudo mudaria novamente. Ocupação, claro, é sempre uma desgraça, mas, nesse caso, dos males o menor - melhor que seja pelos búlgaros.

É certo que a situação nem de longe pode ser comparada à de Salônica - a tomada pelos gregos foi definitiva, e, para a comunidade judaica, uma tragédia. É o grande marco do fim do período sefaradi na Europa.

24. Lozengrad volta a ser Kırklisse

A Liga realmente surpreendeu. Os quatro pequenos países conseguiram se unir e, agindo de forma inesperadamente coordenada, praticamente expulsaram os turcos do território europeu.

Mas não souberam administrar a vitória. Em maio de 1913 foi assinado o Tratado de Londres, encerrando as hostilidades.

As grandes potências europeias criaram a Albânia, que incluía áreas que haviam sido cedidas à Sérvia por diversos tratados; em compensação, os sérvios exigiram áreas da Macedônia, o que não seria aceito pelos búlgaros que, por sua vez, começaram a disputar com os gregos a posse de Salônica.

Para completar, a Romênia, que se manteve neutra na guerra de 1912, exigia um território que, desde 1878, pertencia aos búlgaros. Uma série de novas alianças entre os países da Liga começou a se formar.

Sim, é óbvio, uma Segunda Guerra Balcânica iria irromper, o que aconteceu de fato quando, em 29 de junho, os búlgaros atacam os sérvios.

Com os países da Liga se atacando, não foi muito difícil para os turcos reconquistarem Kırklisse, Edirne e toda a região da Trácia perdida para os búlgaros. Em 22 de julho de 1913, os turcos retomam Kırklisse.

Com o Tratado de Bucareste, a guerra foi encerrada e a Bulgária perdeu praticamente tudo o que havia conquistado no último inverno.

Havia uma expectativa de que os bons e velhos dias da comunidade sefaradi otomana voltassem. Mas logo ficou claro que algo havia se quebrado para sempre.

Os búlgaros de Kırklisse abandonaram a cidade, junto com as tropas em retirada. Um número razoável de turcos chegou à cidade.

As terras, por milênios férteis, estavam agora devastadas. Em outubro de 1912 os búlgaros queimaram vilarejos turcos e gregos; queimaram o que não podiam levar, para que o inimigo não pudesse aproveitar. Ao que tudo indica, os turcos adotaram a mesma tática em julho de 1913. Kırklisse perdeu seu encanto, sua dinâmica cosmopolita e sua economia próspera, e se tornou uma pequena cidade de fronteira, longe de Istambul e perto demais da Bulgária. Em outras palavras, um problema a ser resolvido.

Começo a perceber a razão do silêncio da família. Do ponto de vista deles, não havia o que lembrar, e essa sensação deve ter sido muito forte já naqueles dias. Como se soubessem que no verão seguinte começaria outra guerra – desta vez, a Primeira Guerra Mundial –, a imensa maioria dos jovens emigrou de *muestro lugar.*

25. O último desastre

Quando a Primeira Guerra Mundial começou, em agosto de 1914, os otomanos já estavam esgotados, há anos lutando para manter seu próprio território. Em 4 de novembro, entravam na guerra contra a França, a Grã-Bretanha e a Rússia. Entraram do lado errado. Tinha tudo para dar errado.

Desde o ano anterior o governo era formado pelos Três Paxás, consequência do golpe conhecido como o Ataque à Sublime Porta, no Palácio Topkapi. Os três paxás eram Ismail Enver, ministro da guerra, Ahmed Djemal, da marinha, e Mehmed Talat, ministro do interior.

O trio é considerado o grande responsável pela escolha – desastrosa – da não neutralidade e adesão às potências centrais, Alemanha e Áustria-Hungria. Desta vez, a vizinha do norte, a Bulgária, era uma aliada, o que, de certa forma, era um alívio para Kırklisse.

O governo de Enver Paxá declarou mobilização geral, alcançando todas as religiões e etnias, mas, nos primeiros meses, por absoluta falta de recursos financeiros, as autoridades otomanas não puderam realizar o recrutamento na escala necessária. Não havia dinheiro para uniformes, equipamentos e ração para todos.

Foi a época do *bedel*, uma espécie de indenização paga ao Estado em troca da não convocação.

Certamente José, Vitali e Nissim já estavam em idade de alistamento em 1914, e provavelmente não tinham recursos para pagar a taxa. Sei que não foram convocados. Ainda em 1913, logo após a retomada da cidade pelos turcos, a maioria dos jovens judeus havia deixado a cidade e o império.

Muitos foram para Cuba – o bairro judeu de Havana, por exemplo, foi o destino de centenas de vizinhos de Mordom, assim como as cidades mais a leste, como Guantánamo e Santiago de Cuba.

A comunidade sefaradi cubana, aliás, era extremamente homogênea, uma vez que todos vieram de Istambul, Adrianópolis e Kırklisse, na condição de trabalhadores com pouca educação, aptos a trabalhar na cana-de-açúcar, mas rapidamente ascenderam socialmente, e por volta dos anos 50 já compunham a classe média do país. Com o plantio da cana já em baixa, os judeus começaram a se tornar comerciantes e a abrir suas próprias lojas. Somente a partir da revolução, em 1959, os judeus iriam decididamente procurar a melhor opção de fuga do país.

Mas a guerra chegou a Kırklisse quando, em março de 1915, começou a Batalha dos Dardanelos, a apenas 150 quilômetros. Ingleses, australianos, neozelandeses e franceses tentaram invadir Istambul pelo estreito, mas os turcos conseguiram uma importante vitória em Gallipoli. Até hoje, o dia 25 de abril é o ANZAC Day, na Austrália e na Nova Zelândia. A batalha custou a cabeça do primeiro lorde do almirantado inglês, Churchill, diretamente responsável pelo desastre aliado. Mustafá Kemal participou da batalha, e o estreito permaneceu aberto e sob domínio otomano até a rendição.

Os alemães já estavam prestando assistência militar, aumentando a capacidade de mobilização e de convocação. O conveniente *bedel* foi cancelado e, agora, a situação dos homens com mais de dezoito anos começou a se complicar.

Nesse momento, um novo mercado surgiu – o de declarações médicas de incapacidade para o combate, que vigorou por um curto período, uma vez que as autoridades de Istambul começaram a desconfiar do baixo número de alistamento dos moradores do *Yahudi mahallesi*. Logo abriram um escritório na cidade, e os atestados só eram aceitos se emitidos por uma junta médica (e não mais por um médico individualmente).

É pouco provável que Mordom tivesse recursos para comprar esses certificados, mas é certo (a essa altura, sei que não posso ter certeza de nada diante do silêncio adotado pelos seus filhos no Brasil) que não chegaram a lutar na guerra.

Mas Gallipoli foi uma exceção. A Primeira Guerra Mundial foi o derradeiro desastre militar otomano: derrotas em todas as frentes, perda de territórios do mundo árabe; o massacre dos armênios, que até hoje não é oficialmente reconhecido pela república e que se tornou uma questão política – escritores que se manifestem em favor da revisão da história oficial são alvos de processos e prisões.

26. A ocupação grega

No início de 1919, ingleses e franceses ocupavam Istambul. O Almirante Gough-Calthrope, que em 31 de outubro de 1918 assinou o armistício de Mudros pelos britânicos, encerrando a participação otomana na guerra, havia prometido que nenhuma força estrangeira ocuparia a capital, mas logo ficou claro que ele não manteria sua palavra. Mais de cinquenta navios de guerra estavam no Bósforo, em frente ao palácio Dolmabahçe, poucos dias depois dos paxás terem partido para o exílio, e logo as tropas ocupariam as ruas da cidade.

Aconteceu o que sempre acontece nessas horas: otomanos de origem grega, com bandeiras da Grécia, saudando os invasores. Os turcos tinham de tolerar a minoria cristã cooperar com os estrangeiros. Soldados da Argélia, sob comando do exército francês, ocupavam o bairro Eyüp, ainda hoje uma área bastante tradicional e mais religiosa da cidade.

Os turcos organizaram a resistência, e comunicaram oficialmente a formação de um governo em Ancara, claramente menos, digamos, cooperativo, e que não reconheceria o que se afirmava como governo em Istambul – que emitiu uma sentença de morte contra Mustafa Kemal, assinada pelo próprio Sultão, mas não teve coragem para executá-la.

Para completar o caos, o tesouro estava arruinado, e as reparações de guerra estavam apenas começando a ser cobradas.

Em Ancara, Mustafá Kemal declara a República da Turquia. O recém-instalado Parlamento criou o Exército Nacional de Independência, que tem como objetivo salvar, ao menos, a Anatólia como território para os turcos. O principal objetivo do gabinete de Istambul, controlado pelos britânicos, era a destruição do exército nacionalista.

Não é difícil imaginar o cenário no lado europeu: os gregos marcharam em Tekirdağ, a meio caminho de Istambul para Edirne.

Estava claro para Ancara que os Aliados pretendiam encerrar os séculos de dominação turca sobre outros povos, o que significaria o fim da presença na Trácia, onde os turcos sempre foram minoria. A questão agora era garantir que cidades como Adrianópolis e Kırklisse fossem "turquificadas" o mais rapidamente possível.

Para completar, na noite de 1º de novembro de 1922, é abolido o Sultanato. Mehmet VI foi o 36º e último representante da Casa de Osman, o primeiro otomano. Ele ainda manteria o título de Califa por mais alguns dias, e no dia 19 do mesmo mês partiria para o exílio. Morreu na Itália em 1926.

É esse o novo mundo que espera por Mordom, que, sozinho, da janela de sua casa em Kırklisse, agora que toda a sua família foi para o Brasil, sabe não ser bem-vindo.

27. Uma pessoa de boa moral

O portador Joseph Mordo, um súdito judeu otomano, deseja ir para o Rio de Janeiro acompanhado de xxxx.

Esta viagem é aprovada pelo Alto Comissário, sujeita à concordância das Autoridades Militares Aliadas, cujo visto é necessário para completar o presente passe.

O Alto Comissário requer a todas as Forças Navais Aliadas e outras autoridades a quem este passe seja apresentado, após devidamente visado, que forneçam ao portador todas as facilitações.

O portador apresentou ainda os seguintes documentos:

Certificado de identidade nº 2012, emitido pelo Grande Rabino da Turquia, em 14 de julho de 1920.

O passe foi emitido pelo Alto Comissariado Britânico, em 15 de julho de 1920. No verso, constam um carimbo otomano ilegível (ainda no antigo alfabeto), um visto do Consulado espanhol e um carimbo de embarque, em 11 de agosto, do porto de Marselha, de onde finalmente partiu para o Rio de Janeiro.

José carregava também uma carta do Grande Rabinato da Turquia, assinado também pelo cônsul espanhol:

Nós, abaixo assinados, lugares-tenentes do Grande Rabinato da Turquia, certificamos que o portador Joseph

Mordi, de confissão israelita, de 19 anos, é uma pessoa de boa moral, sem qualquer condenação pelos tribunais, não se meteu em política, não mendigou nem possui qualquer doença mental.

Pelo que se emite o presente certificado para os fins de direito.

Constantinopla, 14 de julho de 1920.

O portador, Joseph Mordo, não tinha 19 anos em 1920; provavelmente já havia completado os 23. Era comum nesses tempos de guerra os homens tentarem se tornar mais jovens para escapar do exército, e as mulheres, mais velhas, para viajar. Minha avó tinha documentos de 1903 e 1901 (ou não poderia ter vindo para cá sozinha para se casar).

Ele, os irmãos e a mãe embarcaram de Istambul para Marselha e, de lá, para o Rio de Janeiro. Por alguma razão, desembarcaram no primeiro porto brasileiro do trajeto, Recife.

Outra transformação foi a de José (Joseph em Kırklisse, Pepe em espanhol) em Pepo em todos os documentos brasileiros.

Uma vez estabelecido, Pepo escreveu para Fortunée, sua noiva, que pegou o próximo navio – vapor, como se dizia então. O trajeto foi, provavelmente, o mesmo.

Para eles, foi abandonar uma cidade pequena, destruída por guerras, incêndios e invasões, por um lugar exótico, quente, colorido e falante. Foi a primeira vez que Pepo – que não tinha ido a Cuba com Rafael e Vitali – viu uma pessoa negra. E logo descobriram que Recife abrigava uma importante e numerosa comunidade judaica, a rigor, desde os tempos da colônia e das invasões holandesas, mas, em 1920, formada por judeus vindos do antigo Império Otomano e outras regiões europeias.

Em Recife, casaram-se e viveram numa casa grande, com um quintal e um cachorro, o Duque, e Pepo foi um dos primeiros da cidade a ter carro e carteira de motorista.

Em algum momento, a família se dividiu. Nissim, o filho mais velho, e Rosa ficaram em Pernambuco. Hoje, Nissim virou nome de rua no bairro Cordeiro. Todos os outros foram para o Rio de Janeiro.

28. Kırklisse se torna Kırklareli

Os filhos de Mordom já estavam em Recife. Sua esposa também.

Para os judeus que permaneceram na Turquia, e em especial em Kırklisse, a vida mudou drasticamente, como mudou para todos os antigos *millets* otomanos. Alguns comportamentos, comuns até 1912, eram agora considerados intoleráveis.

Em 8 de novembro de 1922, os gregos abandonam a cidade. O armistício assinado em Mudanya devolveu a Trácia oriental aos turcos. Os gregos que viviam no *Yayla mahallesi* e as autoridades gregas decidiram queimar a cidade. Nesse momento, os judeus e os turcos se uniram para salvá-la e, ao que parece, apenas a sede da prefeitura foi efetivamente reduzida a cinzas. Logo depois, a cidade foi tomada pelas guerrilhas turcas, que recepcionaram o exército no dia seguinte.

Isso aconteceu por todo o país. Em Izmir (antiga Esmirna), os turcos queimaram as casas gregas, tendo o cuidado de marcar as dos judeus, preservando-as do fogo.

Mordom está, agora, numa Kırklisse que lhe é estranha e, de certa forma, hostil. Seus filhos partiram para o outro lado do mundo. Se houve alguma correspondência entre os filhos e o pai, não sabemos hoje, cem anos depois. Podemos imaginar que sim, mas não tenho ideia de quanto tempo ele ainda viveu, nem se, em algum momento, deixou a cidade.

Na república turca, logo ficou claro que os moradores do *Yahudi mahallesi* (agora, cerca de 3% da população da cidade) eram os únicos "não turcos" e "não muçulmanos" na região, e isso estava longe de ser algo positivo. Os tempos do império multinacional, dos *millets*, eram agora parte da história. A Turquia passou a se organizar como Estado nacional, e as antigas minorias foram as primeiras a perceber essa mudança.

Em 1923, os mercadores judeus perderam o direito de viajar livremente pela Anatólia, e muitos comerciantes de Kırklisse não puderam retornar às suas casas. O exército iniciou o expurgo, eliminando de seus quadros todos os não muçulmanos.

Em 20 de dezembro de 1924, Kırklisse se torna Kırklareli. Não era apropriado deixar em um território ainda disputado com a Grécia uma cidade chamada Quarenta Igrejas.

Nesse período não foram apenas os judeus que saíram do que restou do império. Foi a época dos grandes deslocamentos. Populações inteiras de gregos na Anatólia e de turcos no que se tornou a Grécia foram trocadas.

Em novembro de 1925, uma lei proibiu o uso do fez e de outros trajes tradicionais otomanos. No mês seguinte, o calendário lunar muçulmano foi substituído pelo gregoriano. Em 1926, o antigo sistema otomano de direito, ainda da época de Süleyman, o Magnífico, foi substituído pelo Código Civil suíço, então o mais recente entre os países europeus. Na mesma época, o código penal italiano foi importado. A monogamia passa a ser obrigatória, e as mulheres obtêm igualdade perante a lei.

Mas talvez a mudança mais radical tenha sido a do alfabeto: em 1928, o alfabeto árabe foi substituído pelo latino e, da noite para o dia, boa parte do país se tornou analfabeta, com exceção das minorias que sempre falaram e escreveram outros idiomas.

Anos depois, uma lei obrigou os turcos à adoção de um sobrenome. Mustafá Kemal (que, a rigor, nasceu apenas Mustafá) criou um para si, Atatürk (pai dos turcos).

Enquanto isso, a república laica continuava a castigar as minorias do antigo império.

A Trácia sempre foi um território cosmopolita, e a ordem agora era de nacionalismo. Escolas francesas não seriam mais toleradas, e o ensino da língua turca, inicialmente obrigatório, passou a ser o único admitido. O simples ato de conversar em outro idioma em ambiente público era passível de multa e, em alguns casos, prisão – não se podia mais pensar em falar grego ou búlgaro em cidades a minutos das fronteiras, e, claro, o ladino também foi proibido.

Um país falando uma única língua, pensando de uma única forma e partilhando um mesmo sentimento. Foi a frase que o ministro do interior da república usou para justificar e promover a lei de reassentamento de 1934. O governo poderia redistribuir a população pelo seu território de acordo com a "aderência do indivíduo à cultura turca", o que, obviamente, significou um esforço pelo fim da diversidade cultural que tanto desenvolveu o antigo império. Uma bela frase de autoajuda.

Era um domingo, dia de Kırkpınar, uma competição de luta livre que desde 1360 é realizada em Sarayici, Edirne, mas que, em 1934, excepcionalmente, seria realizada em Kırklareli, sabe-se lá por que motivo. Os lutadores passam óleo de oliva no corpo, dificultando a execução dos golpes e a imobilização do adversário. O objetivo é jogar o oponente no chão ou levantá-lo acima dos seus ombros. A cada ano, milhares de pessoas assistem à competição. Apesar de a República procurar se afastar de toda a herança otomana, manteve seu apoio à luta – popular demais para ser enfrentada.

Kırklareli estava, por essa razão, particularmente cheia, com muitos forasteiros, e não possuía qualquer estrutura para acomodá-los.

Os relatos são de uma grande tensão durante o dia – e que iria explodir no início da noite, quando os jogos foram encerrados. Um *pogrom* em plena Kırklareli, algo inimaginável para qualquer judeu morador da cidade.

Pepo leu as cartas de amigos e parentes sobre o assunto, mas, já no Brasil, não foi direta e pessoalmente atingido pelo evento.

O objetivo, claramente, foi expulsar os judeus da Trácia, na tentativa de "turquificar" a região e garantir que o comércio e a indústria estivessem nas mãos dos muçulmanos. Inicialmente, os artesãos e mercadores foram boicotados – compre de um turco, era a campanha. Logo, o boicote se transformou em saques, constantes e cada vez mais acintosos.

Estava claro para todos os judeus que sua presença na cidade, depois de séculos, já não era desejada. Era preciso deixar a região.

Até hoje, o acontecimento é chamado de "eventos de 1934", que ocorreram principalmente em Kırklareli, mas também em Edirne e Tekirdağ. Foi um verdadeiro *pogrom*, daqueles que os judeus que haviam vivido nos tempos otomanos não tinham assistido. Por cinquenta anos, as autoridades e os pesquisadores evitaram tratar do assunto, ao menos publicamente.

Os relatos hoje disponíveis são assustadores. Alguns turcos se anteciparam e alertaram seus amigos judeus, que deveriam se esconder e proteger seus familiares e bens. Por volta das nove horas da noite, as portas das casas do *Yahudi mahallesi* eram atacadas com pedras e machadadas, janelas quebradas, casas e lojas saqueadas; alguns judeus esfaqueados; há relatos de uma senhora espancada até a inconsciência.

A situação saiu rapidamente do controle: residências e lojas do *mahallesi* apedrejadas e incendidas, centenas de judeus espancados e saqueados juntavam os bens que ainda lhes restavam e partiam para Istambul, com carroças entulhadas do que lhes foi possível salvar. Nem nos piores dias das guerras poderiam imaginar que terminariam expulsos da cidade pelos seus vizinhos dessa forma.

Como era de se esperar, as ruas estavam desertas; nenhum policial se encontrava à vista, com exceção de alguns soldados do exército, que não sabiam exatamente o que fazer. Assistiam a tudo passivamente.

Poucos anos depois, já durante a Segunda Guerra, todo o território turco europeu foi declarado zona militar; só se entrava ou saia da Trácia após passar por verificação de identidades em Çatalca – lá estava boa parte do exército turco, esperando por um possível ataque alemão em direção a Istambul que, sabemos hoje, jamais ocorreu. A Alemanha ocupou a Grécia e a Bulgária, mas respeitou a neutralidade turca no período.

29. Bósforo

Se puder, vá, pelo menos uma vez na vida, ao Bósforo, dizia minha avó a toda pessoa que conhecia. Ela fez esse passeio quando, já vivendo no Brasil, visitou a Turquia nos anos 1960.

No final das contas, o Bósforo é o que torna a cidade estratégica ao longo dos séculos. Ingleses, franceses, otomanos, russos... todos sabiam da importância em controlar essa passagem entre Europa e Ásia.

Foi o que fizemos numa manhã ensolarada em Istambul.

Por todo o trajeto, grandes mansões na orla, as *yalis*, construídas pelas mais abastadas famílias otomanas ao longo dos séculos XVIII e XIX. À medida em que o império era derrotado e via seu território cada vez menor, a cidade era invadida por refugiados que vinham em busca da proteção que Istambul ainda lhes podia conferir e, com isso, os paxás passaram a viver nessas mansões.

A república via essas construções otomanas como algo pertencente a um passado ruim, e elas foram sendo abandonadas, ruindo ou pegando fogo. Mas hoje a visão que se tem a partir dos cruzeiros é de uma intensa restauração desses espaços. Na estação das barcas, além das modernas barcas que levam o visitante até o Mar Negro, há também embarcações do início do século passado restauradas e em funcionamento.

Aos poucos, o passado otomano passa a ser visto com orgulho.

O Rumeli Hisarı – o Castelo da Rumélia – permanece imponente até hoje, alheio ao passar dos séculos. Foi construído por Mehmet, o Conquistador, justamente na parte europeia, no trecho mais estreito do Bósforo, com o objetivo de impedir que os reinos cristãos viessem em auxílio de Constantino XI através do Mar Negro. Foi construído às pressas em quatro meses.

Cinco séculos depois, podemos caminhar por suas muralhas ou, como preferimos, contemplá-lo a bordo de um dos diversos cruzeiros que partem diariamente da estação das barcas.

30. Os dervixes de Istambul

Os hotéis de Istambul invariavelmente anunciam shows dos dervixes rodopiantes. Não é exatamente um show, mas uma cerimônia religiosa, o *sema*.

A Ordem dos Dervixes (Mevlevi) foi criada pelo poeta Rumi.

No século XIX os ocidentais se encantavam com o ritual. Orhan Pamuk, em *Istambul*, conta que Gérard de Nerval não perdia uma oportunidade de assistir aos rodopiantes dervixes quando chegou na cidade, em 1843, em busca – como muitos franceses e ingleses à época – do exótico Oriente.

Os kemalistas convictos não concordam com Nerval. Turismo à parte, não são muito simpáticos ao espetáculo. Basicamente, consideram que esses artistas se dividem em pessoas que não acreditam no movimento mas que vivem do turismo e fanáticos religiosos, dos quais toda distância é pouca. Há locais em que os dervixes realizam suas danças sem qualquer participação de turistas ou infiéis.

Mustafa Fehmi Kubilay era tenente de Kemal. Em 1930, servindo em Menemen, distrito de Izmir, comandou a tropa que combateu a rebelião organizada por um grupo sufista (uma corrente mística do Islã), a Ordem Naqshbandi, liderada pelo dervixe Mehmet Efendi. Os rebeldes não aceitavam a nova ordem republicana e secular e defendiam o retorno à Sharia e do Califado. No confronto, foi morto pela multidão e decapitado, e sua cabeça, pendurada num mastro, com uma bandeira verde (a cor do Islã).

O governo ficou apavorado com essa demonstração de força e de fervor religioso da população. Vários sufis foram presos em todo o país, e o movimento pela secularização se tornou ainda mais agressivo. O nacionalismo também. Fato é que a cada 23 de dezembro (data de sua morte) é celebrado o dia do mártir Kubilay, com uma cerimônia militar em Menemen. Dois vigias municipais, Bekçi (guarda) Hasan e Bekçi Şevki, mortos no incidente, também são homenageados.

A Ordem Mevlevi foi banida pela república em 1923, em sua fúria secularista, na mesma época em que o alfabeto foi trocado e a literatura religiosa banida.

Nos anos 1950 a Ordem foi reabilitada, com autorização especial para a realização do ritual para os turistas. E é assim que estamos assistindo a um show de dervixes rodopiantes, num prédio do século XV onde já funcionou um *haman* (banho turco).

Desde 2005, o *sema* mevlevi é considerado patrimônio imaterial da Humanidade pela Unesco.

31. O *Yayla mahallesi*

Em 2018, procuro, em Kırklareli, resquícios de Kırklisse. O lugar mais próximo é o antigo bairro grego, o *Yayla mahallesi*. Saindo do centro, nos dirigimos à parte alta da cidade (*Yayla* significa platô).

No caminho, passamos pelo único trecho de Kırklareli que nos pareceu realmente pobre. "É a região dos ciganos", nos explicou nosso motorista.

Kapka Kassabova, uma escritora búlgara que hoje vive na Escócia, em seu *Borders*, relata sua passagem pela cidade e pelo bairro, destaca as belas casas de madeira, típica arquitetura otomana. Sim, mais uma viajante, como Çelebi e Walsh, mas desta vez uma viajante do século XXI. Aqui, ela sente o fantasma do cosmopolitismo que todos nós sentimos quando, do *Yayla Parkı*, vemos uma bela mansão de fachada azul e branca recém-restaurada de um lado e outra casa em ruínas, a poucos metros dali.

Em frente ao parque, um museu – a casa de Mustafa Kemal. Estava fechado quando passávamos por lá. Em seguida, descemos a *Yayla Caddesi*, onde nos deparamos com uma casa que parece emergir da antiga cidade otomana. Um muçulmano mora ali, aparentemente sozinho, e conta ao nosso guia algo que presumíamos: que ali viveu, há coisa de um século, uma antiga família grega, que, depois da expulsão dos gregos em 1923, nunca mais voltou.

Na nossa última noite na cidade, fomos a um restaurante no *Yayla Mahallesi*, o antigo bairro grego da otomana Kırklisse, chamado Gusto Celepoğlu Konağı. Não planejávamos esse jantar. Pela manhã, enquanto explorávamos o bairro, passamos pela imponente mansão, próxima à praça, e descobrimos tratar-se de um restaurante.

Naquele exato momento, Jülide e Ünal Başkur, o simpático casal de proprietários, descendentes de bósnios e búlgaros muçulmanos, chegavam de carro com algumas mercadorias.

Nosso guia perguntou algumas informações sobre o endereço, e descobrimos que a mansão pertencera ao famoso doutor Celepoğlu, médico importante da cidade no século passado. Na época em que Mordom vivia com a família, os médicos do bairro grego eram, de fato, reconhecidamente os melhores da cidade, e atendiam sem maiores problemas os clientes judeus. "Eram muito bons os médicos gregos", dizia minha avó.

Naquela noite, depois de jantarmos, fomos conduzidos por Ünal pelo interior do casarão – uma típica e imponente construção otomana.

No restaurante, numa agradável noite de maio, subitamente apareceram sete ervilhas falando português.

Não demorou muito tempo até que Ünal nos perguntasse o que, afinal, estávamos fazendo na cidade. Através do guia, falamos que nossa família saiu da cidade, em 1920, para "fazer a América" no Brasil. Falamos do bairro judeu, onde eles viviam.

Ünal nos contou que Pinhas Haleva é o último judeu da cidade. Infelizmente, não poderíamos encontrá-lo, pois sofre de câncer em estágio avançado, mas que tentaria fazer contato com o filho, Rifat (Rafael) Haleva, que se mudara para a cidade justamente para cuidar do pai e administrar os negócios da família, um posto de gasolina – Posto Halevalar –, além de guardar as chaves da sinagoga e do cemitério judeu.

Um dos Haleva de Kırklareli veio ao Brasil no início do século passado. Chamava-se Salomão e era torcedor fanático do América. Era o responsável pelo cemitério israelita do Rio de Janeiro. Não consigo deixar de pensar nisso, e contamos a história a Ünal (deixando para lá a preferência futebolística).

32. O cemitério

Saímos do restaurante e nos despedimos. Ünal e Jülide entraram em contato com Rifat, contaram onde estávamos hospedados e o que procurávamos. No dia seguinte, Rifat nos encontrou no *lobby* de nosso hotel.

Contou-nos do pai, dos negócios, da vida dos judeus na Turquia, das transformações pelas quais a cidade – e seus judeus – passaram nos últimos cem anos. Ao fim de quase duas horas de conversa, perguntou se não nos interessaríamos em visitar o cemitério judaico, convite esse que foi rapidamente aceito.

O cemitério judaico de Kırklareli fica em frente ao muçulmano. Quase cem anos após nossa família ter partido para o Brasil, a secular comunidade judaica sefaradi de Kırklareli está por um fio. Rifat não pretende permanecer na cidade após seu pai, que há anos padece de um câncer incurável. Está verdadeiramente surpreso com o mau estado do cemitério – surpreso e constrangido. Pede-nos desculpas, diz que está pagando, e muito, por uma conservação que, percebe-se com facilidade, não vem sendo executada.

Contamos a ele sobre o Haleva que cuidava do cemitério israelita do Rio, mas parece que isso apenas o deixou mais constrangido.

Aos poucos, as lápides parecem fazer força para se apresentar. É como se surgissem do meio do mato alto,

querendo que nós as descubramos. São inúmeras agora. Muitas são ilegíveis, seja porque estão gastas pelo tempo, seja porque contêm inscrições em hebraico, que nenhum de nós entende.

Outras são mais amigáveis, com inscrições em nosso alfabeto. Há muitos Canetti, escritos nas mais variadas formas, como Kaneti e Kanetti. Procuro por algum Bensoussan ou Azaria, mas logo percebo que se trata de algo impossível: ao que consta, todos saíram da cidade em 1920.

É verdade que Mordom ficou por aqui, mas não há o menor sinal dele no cemitério – ao menos que possamos identificar. Dele não se tem notícias. Talvez já não estivesse vivo em 1934. Talvez ele ou algum outro parente que tenha permanecido na cidade tenha sido obrigado a mudar de nome – adotado outro sobrenome que nenhum de nós por aqui chegou a conhecer. Talvez tenha se mudado para Istambul. Talvez.

33. Rio de Janeiro

No Rio, Neamah morou na rua Paulo de Frontin, atual Washington Luís, muito magra e permanentemente vestida de preto. Dedicou-se aos netos brasileiros, que agradava com balas e notas de cinco cruzeiros. Morreu em 1945.

No mesmo apartamento viveram Sarah e os irmãos Vitali (o clássico solteirão convicto) e Rafael (que se casou mais tarde). Como moravam praticamente em frente à sinagoga, era lá que se realizavam as *yorsas*, as rezas fúnebres.

Vitali trabalhou no Bazar de Stamboul, na Avenida Rio Branco perto da igreja de Santa Luzia, vendendo e lavando tapetes. Não o conheci, mas as histórias eram fantásticas, a ponto de torná-lo quase um ser mitológico: de como era boêmio, como jogava e dançava, como conhecia mulheres – e que mulheres! – e como falava bem de Cuba. Tudo em Cuba era melhor que aqui. Fumava charutos – obviamente, cubanos – e sabia tudo sobre todas as marcas. Se, nos anos 1920, alguém lhe gritasse "vai para Cuba!", certamente iria sem titubear. Tio Vitali era o sucesso da família, mesmo décadas depois de morto.

Mas não estamos nos anos 1920. Cuba sempre teve um efeito didático: quando pensávamos a razão de a família ter escolhido a América do Sul para "fazer a América", a resposta era a mesma – a língua, claro –, mas o Brasil nos anos 1920 era como uma terra encantada, colorida, alegre, falante, sem o ranço europeu. Mas depois, invariavelmente, completavam: em compensação não fomos para Cuba, como vários dos nossos amigos e vizinhos. No balanço final, saímos no lucro.

Rafael era homem de confiança de um construtor, Alberto Torós, outro sefaradi otomano. Não consigo imaginá-lo na noite carioca, com Vitali de sapato preto e branco e *smoking*, frequentando a Lapa ou remando no Clube de Regatas Flamengo. Para mim, era um velhinho engraçado, que contava histórias e fazia aniversário próximo ao meu. Fui visitá-lo algumas vezes no apartamento do Riachuelo, na rua Washington Luís. Nessa época, morava com a esposa e a tia Sarah. Sempre chegava na nossa casa com duas barras de chocolate Galak que tirava do bolso da calça, uma para mim e outra para minha irmã. Era diabético, e sua esposa não gostava que ele fosse à praia por achar que a água salgada aumentaria sua hipertensão. Eu tinha sete anos quando ele morreu, mas ninguém teve coragem de me contar. Preferiram inventar uma história de que ele tinha se mudado para a Turquia, porque sentia saudades de lá. E eu preferi acreditar nessa história.

No Rio, Pepo trabalhou na rua do Acre, numa loja de outro judeu de *muestro lugar* – Julio Mulia –, um armazém de importação e exportação, principalmente de goma arábica. Trabalhava com um amigo, Arsen, *el Ermeni* – o Armênio –, talvez também de Kırklareli e que tenha vindo para o Brasil antes de 1915.

Minha avó, Fortunée, tinha apenas um parente no Brasil, Simon Azaria, que trabalhava numa loja de tecidos chamada Santa Branca. Todos os demais foram para a Itália ou para Israel. Manteve uma assídua correspondência até o fim. Nos anos 1980, um sobrinho, Alan, veio de Milão nos visitar. Falava em inglês conosco e em francês com minha avó.

Ela e meu avô moraram em Botafogo, primeiro na rua São Clemente, passando pela rua Itu e depois na rua da Matriz. Para não ficar de fora das conversas com as vizinhas, costumava estender lençóis roxos na janela, na Semana Santa. Se não acreditava em religião alguma, também não custava ser simpática com a vizinhança.

Não sei se os Canettis conheciam nossa família de lá, ainda que, numa cidade com cerca de trezentas famílias vivendo no mesmo bairro, isso seja bastante provável, mas o encontro aconteceu mesmo no Rio de Janeiro. Por alguma razão, Marcos e Simantov Canetti aportaram em Porto Alegre, onde o irmão mais novo, Sadi, nasceu. No Rio, moraram no mesmo prédio na rua da Matriz, em Botafogo.

Em 1934, meu avô se naturalizou brasileiro, alguns meses depois do *pogrom* de Kırklareli. Não o conheci, já que morreu em 1955. Hoje, imaginamos se a decisão de se naturalizar teve alguma relação com o que aconteceu em Kırklareli, o que dependeria da velocidade da troca de correspondência entre ele e seus amigos de lá.

Provavelmente, voltando de uma sessão de cinema na Cinelândia, talvez a mais um filme do Nelson Eddy, ídolo de minha avó, recebeu uma carta que acabara de chegar de Istambul, talvez de algum amigo ou parente, falando como foi o drama de escapar com a roupa do corpo de Kırklareli e chegar à antiga capital, procurando por um lugar para morar. Ainda faltavam alguns anos para a situação dos judeus no Brasil se deteriorar, com o Estado Novo e a aproximação com a Alemanha.

Minha avó tinha olhos incrivelmente azuis e uma pele sempre gelada. Não me lembro de tê-la visto beber água – só vinho ou coca-cola. Mas, em 2020, e acompanhando as últimas notícias do abastecimento de água do Rio de Janeiro, às voltas com a geosmina, imagino o que ela diria a respeito dessa opção. A água do Rio não é limpa como a água de *muestro lugar*.

No final de semana, vinha nos visitar. O almoço era, invariavelmente, estrogonofe, servido após as *borekas*. Também comíamos *enchusa*, uma espécie de massa feita com espinafre – as *espinacas* – e queijo, originalmente de cabra, mas devidamente adaptado por aqui com queijo minas.

Já há muitos anos morava sozinha em seu apartamento na Rodolfo Dantas. Tinha várias amigas, o que sempre foi muito confortável para todos – sabíamos que ela nunca estava verdadeiramente sozinha. Eu passava com frequência pela portaria do prédio, o edifício Pagé, fosse para visitá-la, fosse para seguir para o curso de inglês e, mais tarde, para a Aliança Francesa de Copacabana, na rua Duvivier. O fato é que sempre associei aquele quarteirão a línguas estrangeiras.

Até o fim de sua vida, sempre andou sozinha. Passeava pela Avenida Copacabana e, muitas vezes, vinha nos visitar e a minha tia. São alguns poucos quarteirões, mas seus oitenta e cinco anos inspiravam certas precauções. Uma delas era ter o telefone de várias de suas vizinhas – e se certificar que elas também tivessem os nossos.

Certo dia, uma de suas amigas, estranhando o atraso de minha avó a um encontro com outras vizinhas, foi chamá-la em seu apartamento. Assim que chegou, teve a nítida impressão de ter ouvido algumas vozes do lado de dentro. Escutou frases em português, mas também em outra língua, que não conseguia precisar. Insistiu, batendo com cada vez mais força à porta, e tocando a campainha com uma impaciência cada vez maior.

Procurou se esforçar ao máximo para entender o que estava sendo falado do outro lado da porta. A vizinha, afinal, também tinha seus oitenta e tantos anos e uma audição tão precária quanto a de sua amiga, mas o suficiente para perceber que havia apenas uma pessoa falando.

E assim, numa manhã de junho de 1988, recebemos o telefonema dessa mesma vizinha, avisando-nos que algo não ia bem com minha avó.

Saímos correndo, claro; tínhamos uma cópia da chave e entramos no apartamento. Abrimos as janelas. Lá fora, o som caótico do bairro, com o amolador de facas, o vendedor de pamonhas. À mesa, várias cartas, muitos envelopes, mas naquele momento não demos muita importância. Ela continuava a falar frases desconexas, em português e em turco, e não conseguiu reconhecer todas as pessoas que acabavam de entrar pela sua sala.

Desse dia, em que sofreu uma isquemia, até o fim, passaram-se apenas duas semanas.

Como toda casa de avó, possuía dezenas de fotos, algumas muito antigas e já não tão bem conservadas, mas todas muito bem-organizadas, com anotações no verso, com a indicação do local e do ano em que foram tiradas, o que aumentava a sensação de estar em um museu. Muitas do meu avô, outras dos anos 1950, em que eles estavam com os três filhos e um dos irmãos do meu avô, um homem forte, quase um atleta.

Numa gaveta, um fez. Todo homem otomano usava um. A república implicou com ele, proibindo-o em 1925 (e pensar que o fez substituiu, no século XIX, os antigos turbantes). Aquele pertencera ao meu avô. Ela dizia que era como o chapéu panamá no Brasil (o que demorei a entender, pois ninguém usava chapéu panamá no Rio nos anos 1980). Não sei o que aconteceu com o fez, que acabou se perdendo em mudanças. Que todo o azar caia sobre aquele que o pegou.

Mas o que eu mais gostava era sua coleção de selos. Eu adorava procurar pelos mais exóticos. Não era uma colecionadora profissional. Recortava dos envelopes das cartas que recebia a maior parte deles. Havia alguns bem antigos, bem mais que minha avó. Ela contava a história de alguns deles.

Lembro-me de um da Liannos et cie. Foi uma empresa criada para entregar a correspondência que chegava a Constantinopla sem o endereço em árabe. A tal companhia fazia então a entrega por toda a cidade, já que os correios do Império Otomano não conseguiam resolver o problema. E havia também um selo militar, octogonal perfurado – segundo ela, "o primeiro selo octogonal perfurado do mundo", com um orgulho incompreensível para mim por muitos anos.

De *muestro lugar* – dizia sempre.

34. Uma pergunta a Voltaire

No Aeroporto Kemal Atatürk, em Istambul, penso em Voltaire.

O lugar-comum diria que sim, claro, a vida de uma pequena comunidade judaica numa república secular é mais segura e confortável do que sob um império islâmico multinacional. Os otomanos jamais os submeteram a um "evento" como o de 1934, por mais que, nesses últimos quinhentos anos, tenha havido alguns momentos de tensão.

É razão suficiente para rever alguns conceitos iluministas.

Menos de um ano após nossa visita, recebi um e-mail de Rifat. Em fevereiro de 2019, Pinhas faleceu.

Rifat disse, naquela ocasião, que ainda ficaria por algum tempo na cidade, até resolver exatamente o que fazer.

Os últimos cem anos não foram muito favoráveis à preservação da história das minorias e, agora, entendo por que é tão difícil encontrar alguém em Kırklareli que tenha referências sobre o antigo bairro judeu ou da sinagoga. Houve um esforço por apagar esse passado. Mas, curiosamente, algumas medidas recentes parecem, de certa forma, ajudar a recuperar esses anos. Dois anos depois, descubro que a estação de trem foi reformada.

Da decisão de Rifat, provavelmente, dependerá toda a herança sefaradi na cidade, o que é, evidentemente, um peso considerável para qualquer pessoa.

Mas talvez, em poucos anos, seja impossível pegar a chave da sinagoga e do cemitério no posto de gasolina Halevalar.

Alguém ainda se preocupará com isso?

Ao mesmo tempo, nos três lados das fronteiras, turcos, búlgaros e gregos viajam para as cidades e vilas de seus ancestrais na Trácia, visitando casas em ruínas, abandonadas às pressas porque, ao longo dos últimos cem anos, seus antigos moradores foram obrigados a fugir, às vezes com apenas a roupa do corpo, para salvar suas vidas atravessando as fronteiras sempre instáveis.

Hoje, seus filhos, netos e bisnetos fazem aquilo que Kassabova chama de "turismo ancestral".

Entro no avião. Pego, novamente, o postal. Tenho certeza de que conheço todas aquelas pessoas. Sim, minha avó é aquela menina abraçada à árvore, ao lado do seu pai, que segura um guarda-chuvas. Sim, aquele adulto com bigodes é Mordom – não poderia ser outro – com o pequeno Rafael de um lado e de meu avô do outro.

Tenho certeza.

História, histórias

Os ingleses acertaram ao diferenciar *stories* de *history*. Este não é um livro de História, mas de histórias, contadas por pessoas que viveram no Império Otomano, ou que as ouviram de pais, irmãos e avós. Como pessoas comuns, viveram os acontecimentos.

Por isso, nas vezes em que essas histórias colidiram com alguma versão da História, optei pelas primeiras, claro. Mas, considerando que o leitor chegou até aqui, é possível que tenha interesse por mais algumas fontes. Aqui, uma amostra dos livros que li nesses últimos anos, em busca do meu emplastro otomano.

A melhor fonte para conhecer a vida das famílias judias de Kırklareli é *Once upon a time Jews lived in Kırklareli*, de Erol Haker. Não é um livro de ficção, mas um relato, com riqueza de detalhes, do *Yahudi mahallesi*. O autor nasceu em 1930, em Istambul, e seus pais eram de Kırklareli. Esteve na cidade por diversas vezes, entrevistou parentes e vizinhos e fornece detalhes que, muitas vezes, coincidem e confirmam as histórias que ouvi – outras, não. Desde 1956, vive em Israel.

Diversos romances, escritos com rigor histórico e muita pesquisa, também ajudam a entender o final do período otomano. O jornalista espanhol Manuel Mira escreveu um romance histórico sobre a família Carasso (dos fundadores da Danone), de Salônica, *El olivo que no ardió en Salónica*. Conversamos muito sobre o sefaradis otomanos, sobre Salônica e Kırklisse – a cidade aparece em alguns momentos em sua narrativa. A importância de Salônica e o trauma que representou sua queda para os gregos são descritos com riqueza de detalhes.

Se você procura por um bom livro de História, procure a obra de Mark Mazower, *Salônica: cidade de fantasmas: cristãos, muçulmanos e judeus – 1430-1950*, publicada no Brasil pela Companhia das Letras.

Sobre Istambul e sua história – desde Bizâncio –, uma fonte segura e de fácil acesso é *Istambul – a cidade imperial*, de John Freely. A edição brasileira é da Grua. Apenas em inglês, *Istambul: City od Majesty at the Crossroads of the World*, de Thomas Madden.

Eliète Abécassis, nascida em Estrasburgo e descendente de judeus marroquinos, escreveu o romance *Sépharad*, uma narrativa que nos apresenta aos membros das famílias Pinto e Tolédano, reunidos em Tel Aviv para o casamento dos filhos. Abécassis – que é co-roteirista do filme *Kadosh*, de Amos Gitai – explora a questão das identidades múltiplas que todos nós carregamos.

Tatiana Salem Levy, nascida em Portugal, parte de uma história que acompanha os sefaradis desde 1492 no romance *A chave de casa*.

Elif Şafak e Ayse Kolun são autoras turcas contemporâneas, menos conhecidas no Brasil que o Nobel Orhan Pamuk. Os três são grandes contadores de histórias – Şafak escreveu um romance sobre o grande arquiteto otomano Mimar Sinan (*O Aprendiz de arquiteto*); Kolun, uma história sobre Istambul ocupada pelos Aliados em 1920-1923 e a luta pela independência turca, em *Adeus*. Nenhum deles está disponível em português, até onde sei. De Pamuk, quase todos os seus livros estão publicados no Brasil, e *Istambul* traz sua visão pessoal da cidade.

Çelebi e o reverendo Walsh não foram os únicos a passar por Kırklisse. A escritora búlgara Kapka Kassabova esteve em diversas cidades da fronteira greco-búlgaro-turca, uma das mais complicadas da Europa. Esteve, naturalmente, em Kırklareli, e seu *Borders,* lançado recentemente e ainda não traduzido para o português, é um livro indispensável para quem quer compreender a região hoje – com toda a carga da História.

Alev Scott, por sua vez, explora as regiões que um dia pertenceram ao Império Otomano, mas hoje não estão no território turco – e como a Turquia vem se comportando, nos últimos anos, numa busca pela recuperação de sua influência nos Bálcãs (bem como as possíveis reações dos demais países a essa empreitada) –, em *Ottoman Odissey – travels through a lost empire.*

#tudocomeçanalivraria
#do2022
#delivro

[1ª edição 2022]

Esta obra foi composta em Minion e impressa
em papel Pólen Soft 80g. na Artes Gráficas Formato
para a Do Editora.

FSC
MISTO
Papel
FSC® C092828

2021
CARBON NEUTRAL
SAVE